1. 2021 年度高校哲学社会科学研究一般项目，编号：2021SJA0062
2. 2021 年度南京农业大学中央高校基本科研业务费人文社科基金育才项目，编号：SKYC2021025
3. 南京农业大学“卓越教学”课堂教学改革实践项目，编号：JF17080142

乒乓球运动发展的多维探索及其后备人才培养研究

宋崇丽　著

SPM 南方传媒 | 广东人民出版社
·广州·

图书在版编目（CIP）数据

乒乓球运动发展的多维探索及其后备人才培养研究 / 宋崇丽著．—广州：广东人民出版社，2023.12

ISBN 978-7-218-17137-1

Ⅰ．①乒… Ⅱ．①宋… Ⅲ．①乒乓球运动—后备力量—人才培养—研究—中国 Ⅳ．①G846

中国国家版本馆 CIP 数据核字（2023）第 248051 号

PINGPANGQIU YUNDONG FAZHAN DE DUOWEI TANSUO JI QI HOUBEI RENCAI PEIYANG YANJIU

乒乓球运动发展的多维探索及其后备人才培养研究

宋崇丽 著

出 版 人：肖风华

责任编辑：马妮璐
责任技编：吴彦斌
装帧设计：马静静

出版发行：广东人民出版社
地 址：广东省广州市越秀区大沙头四马路 10 号（邮政编码：510199）
电 话：（020）85716809（总编室）
传 真：（020）83289585
网 址：http://www.gdpph.com
印 刷：北京亚吉飞数码科技有限公司
开 本：710mm×1000mm 1/16
印 张：13.5 **字 数**：214 千
版 次：2024 年 5 月第 1 版
印 次：2024 年 5 月第 1 次印刷
定 价：82.00 元

如发现印装质量问题，影响阅读，请与出版社（020-85716849）联系调换。
售书热线：（020）87716172

前　言

乒乓球运动的多维发展以及后备人才的培育，是我国体育事业发展的重要内容。不仅是因为乒乓球作为我国的“国球”，对国家竞技体育发展的整体布局具有重要意义，而且还与我国建设体育强国等发展战略息息相关，也与竞技体育后备人才的培育有着密切的内在关系。因此，对乒乓球运动项目发展的探索及其后备人才培育的研究，关乎国家体育事业未来发展的命运。尤其是在人才培养方面，我国在早期竞技体育后备人才的培养上付出了很多的代价，因为历史、国情等综合原因，我国在培养竞技体育后备人才方面曾体现出较明显的局限性，如在后备人才早期发展中，忽略了对文化课的教学，导致他们整体上文化素质偏低，这不仅让他们在竞技体育职业生涯中表现为后劲不足，而且退役后进入社会更是难以适应社会竞争，甚至缺乏必要的生存技能。为了彻底改变竞技体育人才的培育问题，以对人才的全面培养为根本理念，我国对竞技体育后备人才培养进行了诸多探索和尝试。由此可见，无论是乒乓球运动的发展，还是乒乓球竞技后备人才的培养，都具有多重的研究意义。在这样的背景下，作者潜心研读了大量相关著作文献，并精心撰写了本书。

本书共八章，第一章分析了乒乓球运动的基础理论知识，对乒乓球运动的起源、发展、基本现状以及其特点和术语进行了全面阐述，从而对乒乓球运动有了全面的认识和理解。第二章以乒乓球运动文化及其传播为主题，对乒乓球文化的发展、传播及其理论进行了深入解析，从而为研究乒乓球运动的多维发展寻求突破口。第三章主要针对乒乓球运动的高水平发展展开分析。乒乓球这项运动之所以发展成为一项世界级的竞技运动，和它的科学训练、竞技比赛的不断发展有着密切关系。本章主要关注乒乓球的制胜之道，以及当前世界乒联对乒乓球竞赛规则的修改将对乒乓球的未来发展带来哪些影响。第四章的内容聚焦于大众乒乓球健身活动的发展和现状，并进一步探讨了竞技乒乓球和大众健身乒乓球协同发展的可能性。第五章对校园乒乓球教学与发展进行了深入分析。校园是发掘竞技体育后备人才的场所，因此，对校园乒乓球教学的研究将影响着我国竞技乒乓球后备人才的选拔和培养问题。第六章则从产业发展的角度，对我国乒乓球产业的发展现状、策略以及如何提升乒乓球产业的文化“软实力”来促进产业的发展进行了研究。第七章对乒乓球后备人才的培养展开研究，包括我国乒乓球后备人才培养现状，遇到的困境以及对未来的展望。第八章对全面提高后备人才的综合素质展开探讨。

整体而言，本书结构清晰，逻辑严谨，内容基本做到理论与实践相结合，因此具有较高的实践指导价值。尤其是结合我国乒乓球发展的现状，以及后备人才未来培养的有关设想等具体情况展开研究，并提出了独到的见解，具有突出的学术性、理论性、科学性及实用性。本书从竞技乒乓球、大众乒乓球、校园乒乓球以及乒乓球产业和乒乓球后备人才培养几个方向进行了深入的研究和分析，为未来乒乓球的多维发展做出了具体的探索，因此对今后我国乒乓球运动的发展和后备人才全面培养具有较强的实践指导意义。

本书在撰写过程中参考并借鉴了很多专家、学者的研究成果，在此表示诚挚的感谢。由于作者水平有限，书中难免有不妥与疏漏之处，敬请广大读者批评指正。

作　者

2023 年 5 月

目　录

第一章

乒乓球运动基础理论与发展

乒乓球这项运动具有悠久的历史，尤其对中国球迷而言更是具有特殊的意义。尽管乒乓球运动是由西方传入中国的，但是当前世界乒坛已被中国垄断多年。本章将对乒乓球运动的起源和发展问题展开详细的分析，另外还将进一步介绍乒乓球运动的特点与功能、基本术语，以及乒乓球运动发展现状和对策。

第一节 乒乓球运动的起源与发展

一、乒乓球运动的起源

19 世纪后半叶，乒乓球最初诞生于英国。乒乓球的英文为 Table Tennis，由此可以推断，乒乓球与网球具有某种内在的关联。事实上，乒乓球最初是由几名英国大学生发明的，他们正是受到网球运动的启发，并基本上借鉴了网球的运动形式，用羊皮纸卷成空心球拍，用软木或者橡胶球制成了球。最初的乒乓球主要是一种很随意的游戏，如吃完饭在饭桌上支起一个类似球网的屏障，就可以打上两局。因为击球时会发出"乒乒乓乓"的声音，因此而得名，并开始在英国流传。但是乒乓球的大规模发展在 20 世纪 20 年代后，当时的英国已经开始举办乒乓球比赛，这说明该项运动已经具有了较为广泛的群众基础。

二、乒乓球运动的发展史

乒乓球运动是沿着先在西方全面流行，然后又在东方崛起的脉络发展的。它从一种餐桌上的游戏演变为如今竞技体育世界中一项重要的球类项目，经历了非常复杂的变迁过程。其大致可划分为以下几个时期。

（一）欧洲全盛期（1926—1951）

乒乓球运动在英国诞生后，逐渐在欧美地区普遍流传开来，时间上大概是在 20 世纪 20 年代至 20 世纪 50 年代。当时的乒乓球拍是一块小木板，由于木制球拍的局限性，并不能给运动员很多发挥的空间，因此当时的打法较为单一，而且球速有限，很少有旋转球。后来随着胶皮拍的出现，乒乓球技术也增加了。比如，削下旋球技术就是在那时候出现的。由于削下旋球技术的影响，当时整个欧洲的乒乓球运动都表现为以防守为主，进攻较少，比赛的策略主要是保证自己稳定防守，然后等待对手失误。但是这一消极的打法显然影响了乒乓球的发展，因此国际乒联修改比赛规则，促使运动员积极进攻，由此，削中反攻打法得到了一定的发展。

这一时期，乒乓球运动主要集中在欧洲传播和发展，技术还较为单一。

（二）日本称霸期（1952—1959）

乒乓球运动接下来的一个重要发展时期发生在日本，主要标志性事件是，在 1952 年举办的第 19 届世界乒乓球锦标赛上，日本运动员一举夺得 4 枚金牌，从此打破了欧洲运动员垄断金牌的局面。日本能够打出如此优异的成绩，最主要的原因是日本运动员发明了远台长抽打法技术，这一技术很好地制约了采用下旋削球打法的欧洲选手，从而获得集体性优势。

另外，在这一时期，日本运动员还采用海绵球拍，有效增加了球速，从而在技术上全面压制欧洲选手，这让以防守为主的欧洲选手苦不堪言，感受到极大的挫败。而日本作为一个后起之秀在世界乒坛独领风骚。

（三）中国崛起（1959—1969）

乒乓球传到亚洲之后，尤其在日本取得了突破式进展后，中国的乒乓球运动也开始发展起来。并且，中国乒乓球运动员显现出明显的技术风格，他们基本功扎实，台风方面整体上表现出既快又狠的特点，并且随着运动员的不断摸索，逐渐发明了直拍近台快攻打法，该打法对于日本的远台攻球打法而言，是乒乓球技术的又一次进步。1961 年，在第 26 届世界乒乓球锦标赛中，中国队战胜了欧洲和日本选手，首次摘得男子团体项目的金牌，之后蝉联第 27、28 届男子团体项目冠军，在世界乒坛占据绝对的技术优势。

（四）欧洲反攻（1971—1979）

由于日本和中国乒乓球运动的快速崛起，彻底颠覆了乒乓球原来居于霸主地位的欧洲各国。于是在各种刺激和不甘心理的驱动下，欧洲痛定思痛，反省原来的打法，不断总结经验与教训，并虚心向日本和中国学习最新的打法。而且，在此基础上，他们终于转变原来的消极防守策略，转而采用加强进攻和积极防守相结合的战术。然而，支撑其战术实施的重要条件是，欧洲运动员创造了以弧圈球为主结合快攻、以快攻为主结合弧圈球这两种打法。技术特点是速度快，回球威胁大，而且能拉能打，给对手造成极强的压迫感。由此，乒乓球运动的技术再一次取得重要突破。

（五）中国遥遥领先的局面（1981 年至今）

在欧洲奋力追赶亚洲的同时，中国也不曾停歇求索的脚步。20 世纪 70 年代，我国优秀的乒乓球运动员不断推出新的技术打法，如在近台快攻打法的基础上不断尝试创新，如加力推、减力挡、推挤弧圈球等技术，以及正反手高抛发球、正手快带弧圈球、正手快拉小弧圈等新技术的发明。中国的乒乓球运动获得爆发式的发展，一个个新技术的推出，一代代优秀运动员的更迭，让中国在世界乒坛占据了稳定的领先位置。

第二节　乒乓球运动的特点与功能

乒乓球起源于英国，最初是在网球中得到的灵感，经过长期的发展，已经非常成熟和完善，具有许多其他运动所没有的特点，这是乒乓球独有的魅力。

一、乒乓球运动的特征

（一）技术动作快

和其他几个小球项目相比，乒乓球运动的最大特点可以用一个字来概括，就是“快”。乒乓球技术风格的演变离不开一个“快”字，具体从以下几方面体现出来。

1. 快速判断

乒乓球运动员在打球的过程中，预测判断来球的角度、力度、落点等都是非常重要的能力。就是在早期判断对方球路，包括球的时空特点、位置和距离等，对于乒乓球运动员来说拥有良好的预判能力非常重要。运动员必须在极短的时间内，对来球以及自身的反应速度和移动速度做出预测和判断，然后才能选择最适宜的技术来应对，这些都需要大量的练习才能做到。

2. 快速反应

有了对球的判断之后，几乎要同时根据比赛的实际情况做出具体的反应。速度必须要快，乒乓球运动员在长期的训练中一般都具有反应快的特点，这是打好乒乓球的必要条件之一。运动员要通过视觉判断迅速做出相应的动作，这一方面取决于快速判断，另一方面还取决于运动员调动自身技术的能力，以及运动员的心理素质能力，大胆决策并能够做出准备的动作。

3. 快速选择技术动作

前面提到的快速做出反应，实际上还包含乒乓球运动员要在极短的时间内选择最佳技术动作来应对。现代乒乓球运动中，技术动作种类繁多，层次变化非常复杂，这就需要运动员根据来球情况灵活选择和运用不同的技术。乒乓球的球速飞快，双方的距离又十分近，因此基本上是上一个判断、反应和动作刚刚结束，下一个又开始了，两个来球之间的时间间隔常常在 0.01 秒之内。由此可见乒乓球运动强度极大，对运动员的智能、技能和心理素质要求极高。当然，快速选择技术动作是建立在长时间、大量的技术练习的基础之上的，只有对技术熟练到能够形成本能性反应，才能在激烈的竞技赛场上快速选择并准确运用技术。

4. 击球动作快

由于乒乓球的球速极快，而且标准的乒乓球台只有 2.74 米长，也就是说对战双方之间的距离仅有 3 米到 4 米的距离，在如此近的距离内接发球，运动员的击球动作必须尽可能的快才可应对高频对决。同样的，没有经过大量的、系统的、长期的训练是无法做到的。击球动作主要由两部分组成，一个是上肢的快速回转、击球，另一个是下肢的快速移动，在上下肢的协调配合下，运动员才能在高强度的比赛中完成一次次的闪电搏击。在训练上下肢的速度时，还要注意的是，青少年处于发展上下肢速度能力的关键时期，因此在训练时要抓住这一黄金机会加强锻炼。

5. 球速快

乒乓球的球速极快，一个 2.7 克 40 毫米的乒乓球，在大力扣杀时最高速度为 17 米 / 秒，拉球时最高转速为 116.5 圈 / 秒。在观看一场专业水平的乒乓球比赛时，常常让人眼花缭乱，特别是对于普通人而言，其目光移动的速度基本跟不上球速，这也是乒乓球运动的魅力之一，让人体会到速度与反应的极高水平的较量。

6. 恢复快

乒乓球运动的特点是，比赛耗时较长，局数多，这就对运动员的耐力水平要求极高。与周期性项目不同的是，乒乓球运动过程中的无氧代谢和短暂的间歇相交替，因此，乒乓球运动员只需要短暂的歇息就能快速恢复体能。当然，达到这一要求也与日常的专项训练息息相关。乒乓球运动员在平日里除了做高强度的技战术训练之外，其体能训练也是必须长期坚持的。

（二）广泛的适应性

乒乓球运动的另一显著特点是具有广泛的适应性，也就是说它对参与者的要求较少，限制较少，即只要是喜欢乒乓球运动，几乎绝大多数人都可以参与进来。比如对人的身高、体重、年龄、身体素质等条件的要求非常宽泛，运动量可大可小，乒乓球的设备也非常简单，室内外都可以进行，这也是乒乓球能够广泛开展的先决条件，因此积累了大量的群众基础。

（三）技术丰富、专项突出

乒乓球的技术种类丰富，如今已经有80多项技术，而且有许多是旋转变化的技术，要想熟练掌握，不仅需要大量的训练，而且需要运动员具有一定的天赋。即便是同样的快攻、削球、弧圈球等技术，不同的运动员又有不同的独特风格。因此，乒乓球运动具有非常丰富的技术内容，运动员不仅需要掌握各种技术，还要有超强的适应能力和应变能力。

总之，乒乓球运动员必须掌握多项技战术、组合技术，以提高自身的乒乓球竞技能力。作为一项高速度、强对抗的竞技运动项目，乒乓球运动体现了技能、体能、智能的结合，这些竞技能力要素密不可分。

二、乒乓球运动的功能

乒乓球运动具有广泛的适应性，在群众中流传很广，无论是高水平选手，还是普通人，都能在乒乓球运动中获得自己所需的东西，主要可以体现在以下几个方面。

（一）全面增强体质

由于乒乓球运动的特性，人体的力量、速度、灵敏、协调以及反应、思辨等能力能够得到全方位的锻炼，长期坚持锻炼的话，不仅可以提高身体素质，增强免疫力，促进新陈代谢，提高身体机能水平，而且人的智能素质、心理素质也会有一定的锻炼和提高。因此，可以说乒乓球运动对全面提升人体身心素质具有积极影响。

（二）改善心血管系统机能

乒乓球运动是有氧运动和无氧运动相结合进行的，如果每次都能进行一定时长的训练，如至少连续进行30分钟，那么对提高人体的耐力水平，以及改善心血管系统机能具有明显效果。经常打乒乓球，可以使人的心肌变得发达有力，心容量加大，每搏输出量增多，一般健康成年男子安静时心率为65～75次/秒，成年女子为75～85次/秒。经常参加乒乓球锻炼的人，安静时男子心率为55～65次/秒，女子为70次/秒左右。

（三）改善神经系统功能

由于乒乓球运动具有“快”的特性，因此对改善人体的神经系统功能具有直接影响。如果能长期不间断地参与乒乓球运动的话，那么将对增强人体中枢神经系统的功能产生明显的作用，进而提升人体其他系统与器官的机能。比如以乒乓球的一次回合为例，一次正手攻球只需0.15秒就可到达对方台面。也就是说，在不到一秒的时间内，能够完成多个回合。那么就要求运动员在极短的时间内不仅要观察高速运动的来球的方向、力度、旋转角度，以及判断球的落点，还要迅速做出反应，选择最恰当的技术予以回击，同时还要通过自己对对手的了解，攻打对方的薄弱环节，争取获得比赛的主动权等，这一切都是在大脑神经系统的调控下进行的，包括思维、决策、动作等不同层面的机能。由此可见，一个乒乓球回合就能调动身体做出及时的动作反应，所以经常参与乒乓球运动不仅能够提高神经系统的反应速度，改善神经系统功能，而且还能间接地提升人体的其他相关机能。

（四）锻炼心理素质

尽管乒乓球运动具有广泛性，不同身体素质和运动能力的人都可以进行乒乓球锻炼。但是，随着技术水平的提高，乒乓球这项运动的魅力逐渐显现，而且会在成功和失败的快速转换中不断适应，尤其是当遇到比自己水平高的对手时，面临的将很可能是残酷的打击和挫败。因此，经历这种体验的参与者，无论是普通的乒乓球爱好者，还是专业的运动员，对他们的心理素质都是极大的考验，当然，也是绝佳的锻炼机会。

总之，由于乒乓球的特性，经常参加锻炼的人，对心理素质的发展具有很好的促进作用。有时可能在一次比赛中会经历无数次的形势转换，时而胜利在握，转瞬又被对手压制。可以说，一场乒乓球比赛不到最后一刻永远都是胜负难料的，运动员或者参与者要经历复杂的心理体验，感受各种情绪的冲击，这些都是训练人们心理素质很好的机会。

第三节　乒乓球基本术语

乒乓球技术丰富且复杂，要想熟练掌握乒乓球技术，必须从最基本的术语开始。因为无论乒乓球运动如何发展，它的技术如何迭代，其物理因素大体上是不会发生改变的。而且，乒乓球各类技术打法的发展都是在它的基本设置的基础上发展而来的，只有对这些最基本的术语和设置了然于心，才能以不变应万变，发明出更好的技术。

一、球台术语

标准的乒乓球球台是一块长 2.74 米、宽 1.525 米、离地面高 76 厘米的长方形球桌。围绕球台有以下几个术语。

（一）端线

端线顾名思义就是位于球台两端、与球网相平行的两条白线，端线的宽度为 2 厘米。

(二)边线与中线

边线是指与球网垂直、位于球台两个长边的白线，边线的宽度也为2厘米；中线是指位于球台中央、与边线平行的一条白线，其宽度为3毫米(图1–1)。

(三)左半台和右半台

左半台和右半台是以击球者的角度来看球台，将球台分为左、右两部分，左半台和右半台也指击球者的击球范围，这是在训练中为了指定或者说训练运动员能够精准把控球的落点而将球台进行划分的一种叫法。

(四)2/3台

2/3台是指整个击球范围占到整个球台的2/3。左侧为左2/3台，右侧为右2/3台(图1–2)。

(五)全台

全台也就是指击球范围为整个球台，对落点不进行限定。

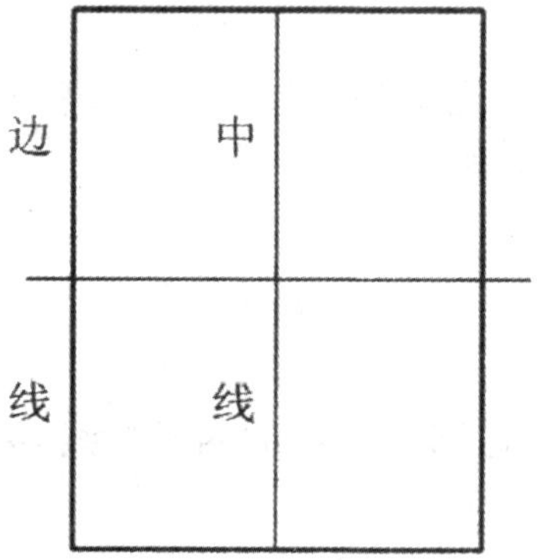

图1–1　边线和中线

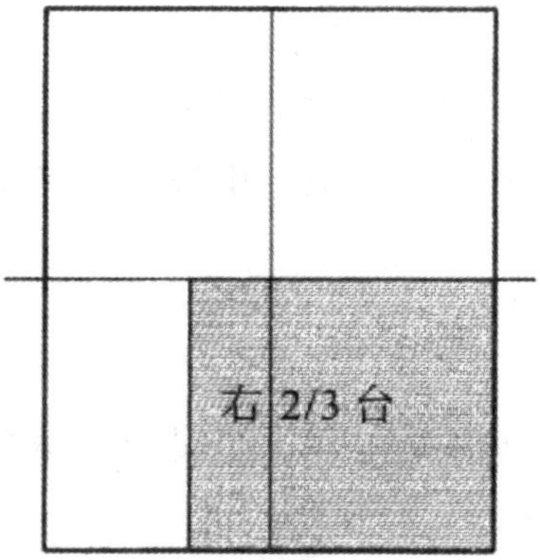

图1–2　2/3台

二、站位与击球距离

（一）站位

1. 站位

站位是指运动员相对于球台所选的站立的位置，站位与运动员的自身技术特点密切相关。选择一个最利于自身技术发挥的站位对运动员非常重要。同样地，通过观察对手的站位，可以初步判断其进攻、防守的倾向，以及握拍习惯等。

2. 近台

近台是指运动员的站位距离球台端线在 50 厘米以内。

3. 中台

中台是指运动员的站位距离球台端线 70 厘米左右。

4. 远台

远台是指站位在离球台端线 100 厘米以外。

5. 中近台

介于近台与中台之间的站位，站位离球台端线 50 ～ 70 厘米。

6. 中远台

介于中台与远台之间的站位，站位距离球台的端线为 70 ～ 100 厘米。

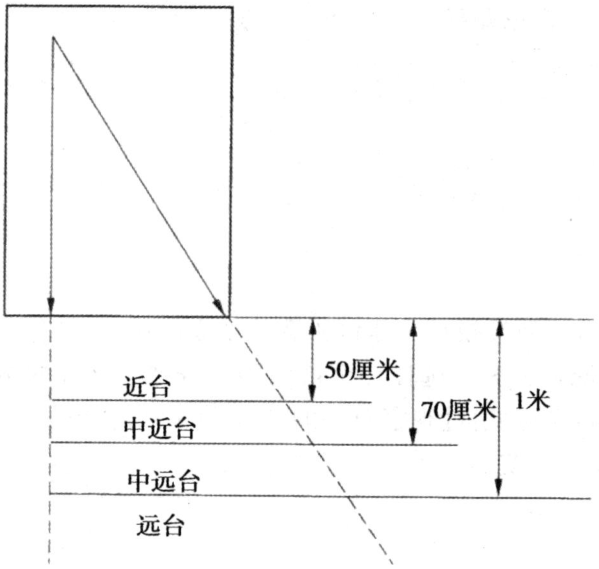

图 1-3　不同站位

（二）击球距离

站位决定着击球的距离和技术，也影响着运动员对接下来的球的控制情况。击球距离一般分为近台击球、中近台击球、中远台击球和远台击球几种情况。

1. 近台击球

在 30 ~ 50 厘米范围内击球。

2. 中近台击球

在近台与中近台范围内击球。

3. 中远台击球

介于中近台与中远台之间击球。

4. 远台击球

在球台端线 1 米以外范围击球。

三、球拍

（一）拍面角度

拍面角度是指整个拍面同球台面所构成的角度。当这个角度小于90° 时，称之为“前倾”；当角度大于 90° 时，称之为“后仰”。

（1）拍面向下：球拍触球接近在“12”点的部位击球。
（2）拍面前倾：球拍触球接近在“1”点的部位击球。
（3）拍面稍前倾：球拍触球接近在“2”点的部位击球。
（4）拍面垂直：球拍触球接近在“3”点的部位击球。
（5）拍面稍后仰：球拍触球接近在“4”点的部位击球。
（6）拍面后仰：球拍触球接近在“5”点的部位击球。
（7）拍面向上：球拍触球接近在“6”点的部位击球。
拍面角度如图 1–4 所示。

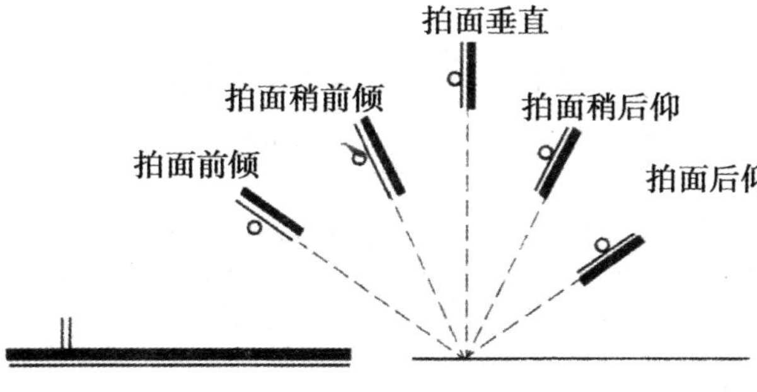

图 1–4 拍面角度

（二）拍面方向

拍面方向是指击球者在击球过程中球拍拍面所对的方向。通过控制拍面的角度，可以控制击球的角度、方向、力度和旋转角度以及速度和落点等。因此，乒乓球运动员需要花费大量的时间来掌握不同拍面对球的控制，以及采用不同的打法和技术等。比如，当拍面朝向左侧时，击打球的右侧；拍面朝向右侧时，击打球的左侧；拍面朝向前方时，击打球的后方。

四、击球部位

击球过程中球拍触及球的具体部位就是击球部位，为便于说明，下面采用表盘的形式进行标注（图 1–5）。

（1）上部：拍触在球的“12”处附近。

（2）上中部：拍触在球的“1”处附近。

（3）中上部：拍触在球的“2”处附近。

（4）中部：拍触在球的“3”处附近。

（5）中下部：拍触在球的“4”处附近。

（6）下中部：拍触在球的“5”处附近。

（7）下部：拍触在球的“6”处附近。

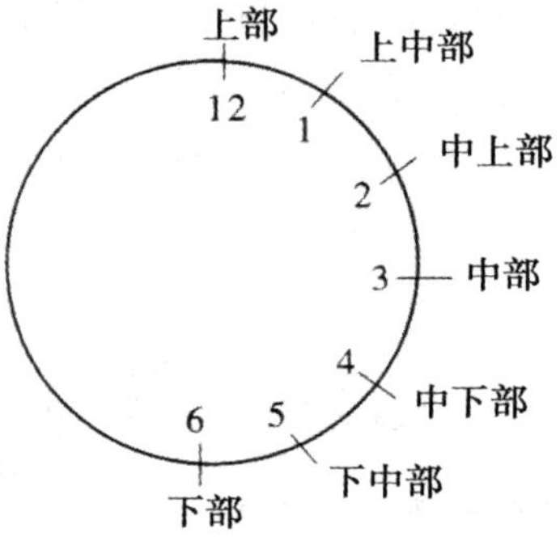

图 1–5　击球部位

五、击球时间

尽管在时间上乒乓球运行的速度非常快，这也是掌握乒乓球技术的难点所在。但是，无论球速多快，也不外乎物体飞行中受到推力、重力和空气阻力几个作用后所发生的一般规律。经过一代代乒乓球运动员的总结和研究，将乒乓球从弹起到落下这段过程分为以下几个阶段（图 1–6）。

（一）上升前期

球从台面弹起刚上升的阶段。在此阶段球向上的冲力最大，速度最快。

（二）上升后期

球弹起接近最高点的阶段。在此阶段球受力向上的速度开始逐渐减慢，直至达到最高点位置。

（三）最高点期

最高点期是指球弹起达到最高点的阶段。此后，球开始下落。

（四）下降前期

下降前期是指球从最高点开始下降的最初阶段。在下降的前期，球向下冲的力量最大。

（五）下降后期

下降后期是指球下降到接近地面之前的这一阶段。

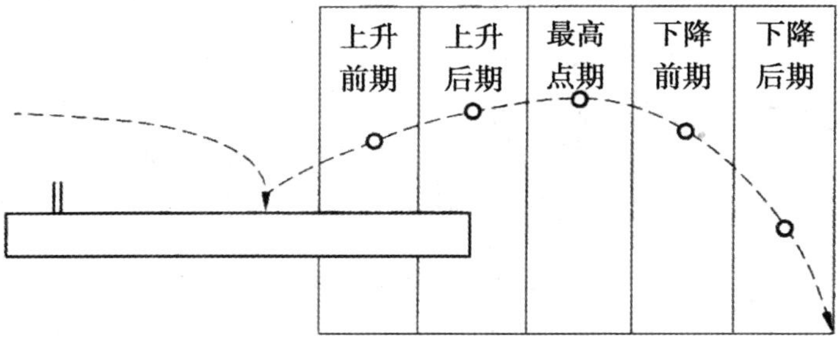

图 1–6　击球时间

六、击球点

击球点是指在击球时，球拍同球接触瞬间的那一点所处的空间位置。运动员对击球点的准确把握，在很大程度上就是对球的控制能力的体现，一般由以下三个因素来确定。

（1）球处于身体的前后位置。

（2）球与身体的远近距离。

（3）球的高低位置。

所以，击球点是与击球者、球台以及击球时间相互密切联系的。如果击球点不准，可能与步法不到位有很大的关系。

七、击球路线

击球路线即从击球点到落点之间所形成的线，大致可以分为 5 条基本路线，进而可以细分为 9 条线路（图 1–7）。

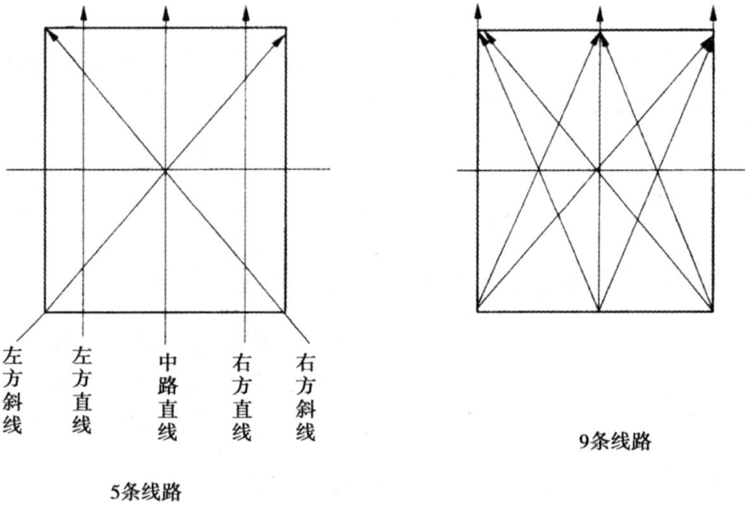

图 1–7　击球路线

（一）5 条基本线路

（1）右方斜线。

（2）右方直线。

（3）左方斜线。

（4）左方直线。

（5）中路直线。

（二）9条线路

1. 右方3条

分别是对方的左方、中路、右方。

2. 左方3条

分别是对方的右方、中路、左方。

3. 中间3条

分别是对方的中路、左方、右方。

八、球台区域

（一）近网球

近网球又称“短球”，指球落在台面近网区附近（距球网40厘米以内的区域），在反弹之后，球的第二落点不会超过球台端线。

（二）底线球

底线球又称“长球”，球落在对方台面底线区或者自己端线附近，距离端线30厘米以内的区域。

（三）追身球

将球击到对方的中间位置。

球台区域如图1-8所示。

图 1-8　球台区域划分

九、击球节奏与摆速

（一）击球节奏

球的运行和击球的节奏基本是一致的，当两名运动员在某种节奏下连续击球，或者在不同节奏间切换连续击球，就能明显感受到韵律之美。而击球的节奏与击球的时期、力的大小、摩擦的角度都有直接关系，采用不同的力度、选择不同的击球时期，所产生的节奏也是不同的。

（二）摆速

摆速是指运动员在击球过程中持拍手摆动的快慢。

十、发力方向与发力方法

（一）发力方向

发力方向是指运动员在击球时向着哪一个方向发力，同一个拍形可以出现不同的发力方向。发力方向不同，球的速度不同，给对手造成的压力以及其将采取的回击技术都会不同。

（二）发力方法

发力方法指运动员身体各部位在击球时的发力顺序和主次关系，尤其是大臂和小臂之间的发力顺序以及主次关系。

第四节 乒乓球运动的发展现状与对策

乒乓球运动近些年来发展稳定，而我国始终保持世界领先水平。然而其他国家尽管成绩不及中国，但是也在摸索和奋起直追的过程中。因此，我国虽然目前领先，但还是应该保持一定的危机感和紧迫感，促使这一运动不断发展和进步。

一、国外乒乓球运动发展现状

（一）发展理念较为落后

乒乓球运动兴起于英国，曾经在整个欧美地区都有不错的发展势头，后来经过日本的推动，最后在中国实现了辉煌。这一方面和东西方文化内涵的差异有关，另一方面与西方国家对乒乓球运动不够重视有关。比如西方人身材高大，他们在力量方面具有绝对优势，但是在身体的灵活性方面，特别是在做一些细小精微的动作时则显得十分笨拙，而乒乓球则是一种高频的在各种精微动作间切换的运动形式，这本身与西方人的身体结构和运动特长不相符。因此，欧洲乒乓球被日本和中国领先之后，就较难再次超越。久而久之，他们在乒乓球这项运动上的信心和兴趣都逐渐减弱，对乒乓球运动的投入也逐渐减少。

（二）面临萎缩危机

当前，世界乒乓球运动的各类重要赛事中，奖牌基本上都被亚洲运动员垄断，大部分决赛都是在中国队或亚洲其他国家队之间进行，而西方各国在乒乓球方面已经落下较远的距离。长此以往，就会造成强者愈强、弱者愈弱的局面，西方国家想在乒乓球运动方面获得转机，将会越来越难。这无疑会导致世界乒乓球的发展重心严重倾向于亚洲，尽管中国、日本等国家目前处于遥遥领先的位置，但是从长远来看，对乒乓球运动的发展并非一件好事，甚至乒乓球在一些地区和国家面临着萎缩的危机。

二、我国乒乓球运动的发展现状

（一）世界大赛的垄断局面

长期以来，我国乒乓球水平已经稳居世界第一把交椅，从整体实力看来，已经遥遥领先于其他国家，处于垄断的局面。这与我国政府一直以来对乒乓球运动的重视，以及乒乓球运动具有扎实的群众基础不无关系。但是，这种一家独大的局面也引起世界乒联的高度关注，为了给其他国家一些发展的希望和热情，或者说限制中国独霸天下的局面，已经开始通过修改规则等手段来调节，如最新的举措是调大了乒乓球的尺寸，这无疑是向着更有利于西方运动员的方向发展。

（二）高水平竞技人才流失

由于国内的乒乓球相当成熟，有太多优秀的人才甚至得不到展露的机会。因此，有些高水平乒乓球运动员为了获得更多的职业发展机会，开始移民国外，这给我国带来严重的人才流失问题。一方面，我国辛辛苦苦培养的人才被其他国家吸纳之后，就会把先进的技术和培训理念带到国外，这对我国乒乓球造成一定的威胁。另一方面，如果人才流失成为风气，那么就会动摇军心，破坏国内乒坛的稳定局面，这将会从内部动摇我国乒乓球事业的正常发展。以上情况必须引起国家的足够重视，并尽早拿出妥善的办法加以应对。

三、乒乓球运动的发展对策

（一）培养高素质的管理人才

乒乓球运动的发展，不仅需要培养大量的优秀运动员，以保证我国乒乓球运动竞技水平的领先地位，而且，还需要培养大批的管理型人才。当今的竞技体育，融合了体育、经济、商业、文化、教育等多个领域，是一项非常复杂的现代产业。要想取得一定的成绩，必须有优秀的人才参与进来。而我国在这方面还有很多不足和欠缺，必须从人才方面入手，只有通过一批批高素质人才的共同努力，才能不断推动我国乒乓球运动持续向前发展。

（二）推动乒乓球产业的发展

乒乓球运动属于竞技体育的一个重要分支，当前的竞技体育发展高度成熟，如足球、篮球、网球等，每一项运动都已经出现各自的产业帝国。而乒乓球运动的文化、历史以及竞技水平，与足球、篮球或者网球不分上下。唯一制约乒乓球发展的，其实就是它的产业发展较为滞后。如果能大力发展我国的乒乓球产业，使乒乓球成为一项具有市场影响力和票房号召力的运动项目，那么对乒乓球运动的发展无疑会起到积极的促进作用。

第二章

乒乓球运动文化传播与发展

乒乓球运动文化具有悠久的发展史，在人类文明进程中有着重要的文化符号意义，对促进世界政治、经济以及竞技体育的发展发挥着不可替代的作用。本章将对乒乓球运动的文化传播与发展进行全面研究，包括乒乓球运动文化解析、乒乓球运动文化的传播理论、乒乓球运动跨文化传播以及乒乓球运动文化的发展。

第一节　乒乓球运动文化解析

一、乒乓球文化的概念

乒乓球文化是体育文化中的重要组成部分。最早,乒乓球运动在英国起源,并逐渐在欧美大陆盛行。在乒乓球运动不断发展和成熟的过程中,也潜移默化地被西方社会的文化和生活方式影响。随着乒乓球运动传入东方各国,并先后在日本和中国获得全面的发展,也融入了东方社会的文化与文明中。

乒乓球文化包含物质文化、精神文化、制度文化和行为文化等几个部分。乒乓球文化的逐渐形成、发展和强盛,与它的发展历程息息相关。其中有多元的精神内涵,如以乒乓球运动为核心而形成的各种观念、思想和价值观;乒乓球也具有丰富的物质文化,如乒乓球的场地、球台、球拍、乒乓球等设备设施,还有服装、护具之类的辅助装备等;乒乓球运动还拥有成熟的制度文化,如各种组织协会、相关规则等;乒乓球运动还具有独特的行为文化,如乒乓球的技术、战术,以及传播媒介等。以上这些共同组成了乒乓球文化,影响着乒乓球运动的持续发展。

综合以上分析,我们可以将乒乓球运动文化定义为人们在社会实践中所创造的与乒乓球运动有关的物质财富与精神财富的复合体。① 乒乓球文化的具体分层见表 2-1。

① 李荣芝,顾楠.乒乓球运动的历史与文化[M].上海:同济大学出版社,2016.

表 2-1　乒乓球文化的分层类别

一级	二级	具体体现
物质层	器材	乒乓球拍
		球
		服饰
		球鞋
		球台
		计分设备
		乒乓球保护器
		乒乓球计时器
		捡球装置
		科研器材等
	设施	乒乓球专业场馆
		场馆照明、视听和办公设施
		乒乓球运动员更衣室、休息室、练习室
		纪念品塑像
		乒乓球历史文化馆
		乒乓球购物实体店
		比赛附属的周边交通、休闲娱乐购物等
	有形物	乒乓球纪念品
		吉祥物品
		奖杯、奖牌
		纪念手册
		纪念邮戳、卡片
		绘画艺术
		高级瓷器
		历史书籍
		杂物集等

续表

一级	二级	具体体现
制度层	制度	乒乓球管理体制与机制
		训练与管理制度
		比赛组织与规划
		比赛章程与规则等
精神层	观念	乒乓球运动价值
		意识形态
		生活习惯
		社会影响
		历史信仰
		参与形式等
行为层	技战术	技术
		战术等
	传播媒介	纸质媒体
		录音
		录像
		电视等

二、乒乓球文化的外延

乒乓球运动随着自身的不断发展，逐渐形成了更加丰富的文化外延，并促进乒乓球运动及其文化的进一步发展。

（一）乒乓球思想理论

以乒乓球运动为核心，逐渐形成了独特的运动文化和思想理论体系，这也是乒乓球文化的核心部分。正是由于乒乓球独特的竞技形式，所以才衍生了相应的思想观念和价值主张，这主要体现在乒乓球的技战术思想理论中。当然，乒乓球的理论思想也是在不断的摸索中形成的，在同一时期可能会有不止一种声音和观点，它们彼此之间有一定的交集，也有一定的矛盾和冲突，但正是因为有这种矛盾和冲突的存在，才保证了乒乓球文化的多元性和丰富性。不同的思想观念在分歧与争辩中促进了乒乓球文化的发展，使其生命力更加鲜活与强大，进而促进了乒乓球运动在世界各国的广泛流传。

（二）乒乓球规则

乒乓球运动的规则与乒乓球运动同时产生并存在，没有规则，乒乓球运动就不可能存在，更不可能发展。正是因为乒乓球规则的不断完善，才使乒乓球运动在竞技体育中占有一席之地，在大众健身领域获得普遍的认可。乒乓球规则使乒乓球运动实现了组织化、正规化和国际化。

乒乓球竞赛规则从产生到现在经历了多次演变，每一次的改变都推动了乒乓球技战术的创新与发展，促进了乒乓球文化在世界各地的传播，增加了乒坛的活力。

（三）乒乓球公共文化

随着乒乓球运动的广泛传播，无论是在竞技领域取得的辉煌成绩，还是受到大众群体的广泛欢迎，这些都对乒乓球公共文化的发展起到重要的推动作用。比如乒乓球馆、乒乓球博物馆等的建立，还有遍布城市与乡村的乒乓球台，以及民间自发组织的乒乓球训练和比赛等，这些都构成了丰富的乒乓球公共文化，并进而影响着社区文化、健身文化、竞技文化等的发展，对促进社会多元文化的发展发挥了积极作用。

（四）乒乓球文献

当乒乓球文化发展到一定水平，随即出现了相关的刊物、书籍等出版物，有些是对乒乓球技战术的研究，有些是对乒乓球文化的记载，有些记载乒乓球运动人物，以专访或传记的形式出版，形成了乒乓球文化的重要组成部分。实际上，研究与报道乒乓球文化的刊物数以万计。早在 20 世纪早期，就有几十种不同语言的刊物在全世界广泛传播和流行。在当前互联网高度发达的信息时代，乒乓球文献的形式不仅局限于文字、图片、刊物等传统的载体,还有网络、视频和直播等多种载体形式,将乒乓球文化向世界各地传播,从而使乒乓球文化不断得到发展。

第二节 乒乓球运动文化的传播理论

一、乒乓球运动文化的组织传播

在现代社会中,组织扮演的角色越来越重要,随着现代社会的不断发展,社会组织化程度已经是判断社会发达程度的一个重要标志。随着社会的不断进步,现代乒乓球运动的组织也有了新的变化与发展,这主要从组织的日益分化与完善中体现出来。现在,我国各个地区都有各种不同形式的乒乓球组织,在推动乒乓球运动在我国各地的开展,传播乒乓球文化方面,这些组织发挥着重要的作用。随着乒乓球组织的不断建立与健全,可以看出乒乓球文化在我国已经得到了普遍的认可,而且随着组织的不断完善,乒乓球运动的功能也得到了深入的挖掘,乒乓球的形式也在日趋丰富,而这些都离不开传播的作用,传播所发挥的作用是一步步渗透式的作用,乒乓球文化的传播拉近了体育组织内部、体育组织之间以及体育组织与媒介的关系,使他们相互之间形成了默契的联系。

以乒乓球组织为基础而进行的信息传播活动就是乒乓球文化的组织传播,开展这种传播活动的核心在于达成乒乓球的组织目标,实现乒乓球的组织功能,以此为基点,乒乓球组织成员之间、乒乓球组织与外界环境之间不断沟通,相互交流与互动,形成了和谐的组织关系,这对乒乓球组织的发展和完善又具有重要的促进作用。乒乓球组织形式及组织的内部成员是乒乓球文化组织传播的根本立足点,在具体传播中,主要有人内传播、人际传播、群体传播以及媒介传播等方式。这样的交流与传播可以使乒乓球组织的结构在很大程度上被激活,并通过乒乓球组织对成员的集合扩大效应而促进乒乓球组织目标的顺利实现。乒乓球组织的权威性直接影响乒乓球文化组织传播的可行性。

在中华人民共和国成立前，我国乒乓球运动的发展还处于引进时期，这一时期我国乒乓球运动员一直没有在世界乒乓球比赛上出现过。1936年，我国获得国际乒乓球联合会的邀请，希望能够加入成为会员国。但在当时，因为受到内战、经济、政治等一系列因素的影响，没有顺利成为国际乒联的会员国，这在当时是十分遗憾的一件事。中华人民共和国成立后，体育工作受到了党和政府的高度重视，1952年，中华全国体育总会乒乓球部加入国际乒联，随后国家乒乓球队成立。我国在1953年第一次派队参加世界乒乓球锦标赛，这也是中国乒乓球队员第一次出现在世界乒乓球比赛中。1955年，我国成立中国乒乓球协会，下设科研委员会、竞赛委员会、器材委员会、新闻委员会、教练委员会、少年委员会共六个专项委员会。

在1959年举行的第25届世界乒乓球锦标赛中，我国乒乓球运动员容国团在男子单打比赛中获得冠军，这是我国首次在世界乒乓球大赛中夺冠，容国团也成为我国历史上的第一个世界冠军，这在整个体育界，在整个中国都引起了极大的轰动，振奋了民族精神。这一世界冠军的获得使我国政府意识到在提升国家综合国力的道路上，可以将体育作为一个重要的途径。于是，我国大力培育国家乒乓球队，各省市也纷纷成立专业队，各区县及以下的业余体校重视乒乓球教育，旨在培养优秀的乒乓球后备人才。随着群众后备力量的不断壮大、专业训练体制的严格实施以及全运会竞赛体制的贯彻落实，中央与地方的作用与积极性得到充分发挥，各地区都展开了乒乓球运动的系统训练。在我国社会主义建设的过程中，乒乓球是发展体育事业的重要环节。甚至我国乒乓球运动的发展还影响着世界体育事业的发展。

随着经济体制的转轨、体育战略的调整以及乒乓球运动职业化、商业化发展趋势的日益凸显，1994年，我国在北京成立了国家体委乒乓球运动管理中心，这一职能部门与组织机构由中国乒乓球协会专职管理。成立这一组织主要是为了对全国乒乓球界的一切工作进行统一管理和协调，这也反映了我国乒乓球协会的发展正逐渐迈向实体化，逐渐将注意力转移到具体实践中来。同时我国地方省市也先后成立了乒乓球管理中心或乒乓球协会，加大了乒乓球管理的力度。乒乓球协会于1995年开始施行俱乐部赛制，主客场制于1998年被首次推行。我国乒乓球俱乐部主要有以下几种组织形式。

（1）体委办形式。

（2）企业独办形式。

（3）事业单位办形式。

（4）体委与企业联办，以体委为主。

（5）体委与某一企业合作经营，以企业为主，体委协办形式。

我国实行举国体制的体育政策，具体是三位一体的管理体制，包括以国家资源为保障，以国家体育总局为中心的管理体制，专业运动队的训练体制，以全运会为中心的竞赛体制。这就决定了国家队、省市专业队、各区县体校等是我国乒乓球专业队的主要构成因素。我国乒乓球界的一切工作都由中国乒乓球协会负责协调，各地区都成立了地方乒乓球协会或组织，这些组织的主要工作是加强群众性乒乓球工作的开展。我国各级院校也有乒乓球组织结构，大的企业也有相对完备的组织，这是保障乒乓球活动或比赛定期开展或举办的基础与有利条件。

从根本上来说，我国在乒乓球文化的组织传播中，主要是国家主体通过“自上而下”的行政手段，将全国资源和各方面的力量整合起来推动乒乓球运动发展，体现了“为国争光”的价值取向，其根本出发点与落脚点是国家和民族的整体利益。

二、乒乓球运动文化的群体传播

对于社会来说，群体的形成具有非常重要的意义，群体不仅是人们生活的单位，同时也是社会的基本结构。作为社会的中观系统，群体是连结个人与社会的重要纽带。在一定意义上，群体中的文化共识促进了群体认同的形成与强化。

在乒乓球运动的传播中，不管是参与大众乒乓球活动，还是参与乒乓球专业比赛，经常一起打球的人一般会构成一个初级群体，传播乒乓球文化是维系这个乒乓球群体的根本动力，因此说乒乓球群体的形成过程也是传播乒乓球文化的过程。乒乓球群体具有特殊性，而且有不同的类型，常见的有四类群体，分别是乒乓球组织群体、乒乓球活动群体、乒乓球受众群体以及乒乓球教育群体。这些不同的群体都有自己的特点与规范，各自发挥不同的作用与功能。

（一）乒乓球活动群体

乒乓球爱好者或乒乓球运动员因对乒乓球运动的共同喜好而集合在一起，形成乒乓球运动群体。就现代来说，我国乒乓球运动群体的范围十分广泛，有国家队、各省市专业队、各级院校的乒乓球队，也有各行各业的乒乓球队伍。不同的群体各自为了实现不同的目标而努力，国家队的目标是为国家争光，获得荣誉，学校乒乓球运动队的目标是为学校争光，促进学校影响力的提升等，而企业乒乓球队伍的目标是促进企业形象的提升。

现阶段，我国国家乒乓球队有一线、二线梯队，基本上每个省市都组建了自己的乒乓球队伍，而且一些高校与企业也有自己的乒乓球运动队。他们为了实现多元化的目标而不断努力。不同群体要实现的目标以及实现程度会受到乒乓球规则的影响。在一定时期内，群体成员是比较固定的，国家队的成员因受编制的影响具有更明显的固定性，国家队群体成员的变化主要受淘汰优选方式的影响。不同乒乓球群体中的成员以乒乓球运动为载体，彼此相互认识，相互了解，每个成员都可以了解其他成员的技战术打法和特点、个性特征、身体情况、运动情绪、临场发挥等基本情况。群体成员以此为基础，在训练或比赛场上通过彼此的相互配合而促进了特定传播习惯、传播方式、行为规范的形成。随着这些因素的不断巩固，群体规范也逐渐形成并稳定下来，这些不断稳定的群体规范在增加群体凝聚力方面发挥了非常重要的作用。

著名乒乓球教练员姚国治曾说，很多乒乓球队员更喜欢打团体赛。这种倾向要胜于单打项目，因为单打比赛中，运动员是孤军作战，面临巨大的压力，而代表国家征战的团体更在乎的是荣誉感。队员共同奋战，相互协作，相互鼓励，这样有利于稳定情绪，缓解紧张和压力。

（二）乒乓球受众群体

乒乓球受众群体具有一定的复杂性，在观看乒乓球比赛时，观众可能会临时结成小群体。有一些球迷协会也是比较松散的，没有统一的组织，还有一些媒介受众可能分布在不同的地区等。相比来说，前两者形成群体规范的可能性更大一些，而后者的情况则相对更加复杂。

（三）乒乓球组织群体

体育比赛的组织者形成的群体就是乒乓球组织群体。乒乓球组织群体与乒乓球组织不同，其属于非组织性的隐形群体，是建立在人际传播基础上而形成的。我国有很多乒乓球组织，这些组织在级别、组织水平上的差异非常明显。群体具有一定的群体意识，形成了一定的群体认同。这是保证群体成员保持持续群体状态的基础。正是因为具有共同的群体意识与群体认同，在对乒乓球突发情况进行处理时，群体成员才会做出相近的判断，才会选择相近的策略。在理解规则、认定运动员资格、把握组织比赛、确定组织标准等方面，组织群体的成员都具有较为一致的看法，因此而促进了群体规范的形成。群体规范会影响新加入群体的成员，使得新成员逐渐脱离孤立状态，融入共同的规范中，融入对乒乓球文化的传播中。

（四）乒乓球教育群体

当前，我国乒乓球教育群体主要出现在体校或高校，如中国乒协乒乓球运动学校、中国乒乓球学院、保定乒乓球学校、上海曹艳华乒乓球学校等都有乒乓球教育群体。此外，各地的体育运动职业技术学院、师范类高校的乒乓球系或乒乓球专业也有乒乓球教育群体。这些群体比较正规，而且较为高级。这些学校的乒乓球教育有的是为了使学生练习和掌握乒乓球技能，有的是为了培养学生成为教育下一代的教师，还有的是为了对专业的乒乓球教练进行培养。乒乓球教育群体的发展壮大能够促进乒乓球运动在各级院校的普及与发展，可以使乒乓球文化传播的广度与深度进一步增加。

三、乒乓球运动文化的大众传播

（一）大众传播的方式

作为一种公共传播形式，大众传播的实现离不开专业化的媒介组织和现代化的传播媒介。报纸、广播、电视、网络等都是大众传播中非常重要的媒介与载体。下面阐述几种常见的传播方式。

1. 报纸传播

在乒乓球大众传播中，报纸这一传播媒介发挥着重要的作用，相对于其他媒介来说，报纸比较便宜，普通人获得的可能性很大。报刊是具有较强保密性的，而且可以长久地保存一些有用的信息，与广播、电视这些媒介相比，报纸传播具有较强的时效性，受众可随时看到报纸上的最新消息，受众看报刊信息时可以有选择性地阅读。

很早以前我国就出现了报道乒乓球相关信息的报纸杂志，首先来看发表乒乓球赛事的报道，如 1965 年 4 月 26 日有《欢呼我国乒乓球健儿的卓越成就》的报道，发表在《人民日报》上，《向为祖国争得荣誉的乒乓球健儿致敬》的报道，发表在《工人日报》上等。此外，《北京日报》《体育报》《解放日报》《大公报》《文汇报》等报刊中也有大量关于乒乓球赛事的报道。其次来看发表乒乓球历史的报道，如《体育报》多次发表世界乒乓球锦标赛的报道。

现代性的报纸也有关于乒乓球的报道，报道乒乓球信息的报纸分属不同层次、不同类别，因此报道非常全面、广泛。但有一点比较遗憾，就是我国专业性的单项报纸《乒乓球》至今还未出现，这影响了报纸传播方式的专业发展。我国唯一的乒乓球专项杂志是《乒乓世界》，其于 1981 年创刊和出版，由上海中国乒乓研究会编写。这一专项杂志的内容主要包括乒乓球人物、乒乓球赛事、乒乓球器材、乒乓球技术、大众乒乓球活动。因报道内容丰富多样，而且关注大众乒乓球运动，因此受到了乒乓球爱好者的喜爱。

2. 广播传播

在电视还未出现在我国时，广播作为一种有效的传播方式得到了广泛的运用。广播传播的特点是声情并茂，有较强的时效性和广泛的影响面，渗透力较强，时空因素对其限制小，观众文化水平因素也几乎不会限制和影响这种传播。

3. 电视传播

在当前的乒乓球文化大众传播中，电视是主要传播媒介之一。电视给人一种很强的现场感，形象真实，更能够说服和感染受众，也具有较强的时效性。电视通过对电子技术的运用对声音和图像进行传送，吸收了很多时间艺术与空间艺术的优势，通过电子编辑手段可以改造各门类艺术，从而使其更好地为电视传播而服务，因此说电视传播形式的灵活性、综合性都很强。

电视新闻与报纸新闻、广播新闻都有很大的不同。报纸是平面印刷媒体，主要是对新闻事件进行登载与分析。广播新闻以电波为载体，具有迅速性、即时性的优势。与前两种新闻相比，电视新闻最大的特点与优势在于其能够同时传输图像与声音，从而更好地报道新闻事件。广播新闻的迅速性、即时性也能够从电视新闻中反映出来。电视新闻以图像和声音传播为主，所以相对来说信息更逼真，这是报纸新闻、广播新闻不具备的特点。

在电视新闻中，特别是报道体育节目时，给观众呈现出来的新闻现场画面栩栩如生，这样观众可以对节目一目了然，这比记者用大量语言描述所起的作用与效果更直接和生动。通过电视新闻，人类可以"眼观六路、耳听八方"，每个人既有"千里眼"，又有"顺风耳"。卫星电视的出现实现了人们构建地球村的梦想，人们可以在同一时间共同享有世界信息，可以使全球人共同关注世界上发生的重大事件。电视中播放乒乓球比赛，人们可以直观地感受人物的形象、动作和语言，看到整个现场的因素，从而获得比报纸传播、广播传播等方式更为深刻的印象。

中央电视台 CCTV-5 频道会在奥运会、乒乓球锦标赛、世界杯、国内超级联赛等重要赛事期间第一时间专门报道这些赛事，地方电视台也会在适当的时间转播这些比赛，一些电台和广播也会在自己的平台将相关比赛消息及时发布给大众，可见在乒乓球文化传播方面，电视起到了关键性的作用。

4. 网络传播

目前，在我国乒乓球文化大众传播中，传播内容最丰富、最全面，传播速度最快捷的形式当属网络传播。为了更好地传播乒乓球文化，我国建立了很多相关的网站，其中内容最全面的当属中国乒协网站。该网站设立了有关乒乓球运动各方各面的平台，包括协会介绍、国际乒联、乒乓快讯、赛事档案、明星风采、大事记、经典藏品、乒乓杂志、乒乓课堂等。此外，比较知名的还有中国乒乓网，该网站由北京三鼎体联网络科技有限公司创建而成，主要对各种大型乒乓球赛事进行全方位、多层次介绍，在介绍赛事的同时也会与受众互动，借此机会来进行网络销售，从而获得收益。随着互联网的不断发展和影响范围的不断扩大，一些相关企业都开始利用互联网来推广赛事，同时进行网络营销，并取得了可观的收益和效果。

（二）大众传播的特点

大众传播具有以下几方面的特点。

（1）通过各种媒介来传播信息。

（2）传播信息具有公开性，不同受众可以通过不同的方式获取信息，但很难确定受众。

（3）专业传播机构或个人在大众传播中是主要的传播者，也是主要的受众。

（4）单向传递居多，传播信息与受众之间很少互动。

（5）随着科技的进步，大众传播的速度在不断加快，广度在不断拓展，深度也在不断增加。

四、乒乓球运动文化的人际传播

人际传播是人类历史上最常见、最重要的一个社会行为，其在很大程度上影响着人类社会的诞生和发展、人类文明的孕育与传承、人类生产生活的维系与运转等。自我传播是乒乓球萌芽与发展的首要基础，自我传播形式有很多，其中最为常见的是人际传播。在现阶段，乒乓球运动已经深入我国社会，产生的社会影响十分广泛且重要。乒乓球的人际传播体现在诸多方面，如对抗性乒乓球单打、乒乓球双打配合、与教练的交流、全民健身、乒乓球游戏、拜师学艺、各地交流、文化展览等。从当前我国乒乓球运动的发展实践来看，人际传播几乎贯穿于乒乓球文化形成与发展的全部过程中，人际传播是乒乓球传播外显性的直接体现。

反馈信息及时，互动频繁是乒乓球运动人际传播的主要特点，手把手言传身教是乒乓球人际传播的最大优势，在手把手的传授中，独门技术代代传承，并促进了乒乓球技术的创新与发展，从而推动中国乒乓球运动的发展，使我国乒乓球各方面技战术得到不断的充实和完善。对乒乓球初学者来说，人际传播是他们学习的主要途径与方式，通过人际传播，他们逐渐达到对乒乓球技术的认识与了解。但人际传播相对较为封闭，人际交流范围较小，进展缓慢，这是人际传播方式的主要缺点与不足。

人们在参与乒乓球运动的过程中，为了了解乒乓球的历史和文化，促进乒乓球技术的不断成熟，于是就产生了人际传播的内在需求。人们提高运动技巧、获得乒乓球文化教育及相关信息的需要可通过非正式的人际交流得到满足，这种信息传播方式对于人们来说是最有效的。虽然我国的现代化电子媒介非常发达，但就乒乓球技术而言，只有通过人际化的交流与传播，才能不断发展。乒乓球运动员在训练中，就是通过与教练员、队友不断交流而提高自身技术水平的。

乒乓球人际传播现在在我国是非常普遍的人际传播活动，通过这种形式的传播，传播者可以更好地展示自己的技能水平，并使他人更深入地了解与认识自己，拉近与他人的距离，建立良好的人际关系。在人际互动中，传播者可以通过相关的信息来进一步提高自我评估的准确性与全面性，与此同时，与他人进行人际接触有利于对他人、对社会有更全面的了解。乒乓球爱好者在切磋球艺的过程中，可以彼此了解对方的特长与不足，同时相互认识对方其他方面的品质与个性。人际传播的过程也是心灵交往的过程，通过交流，可以使个人远离精神孤独，获得愉快的心情，保持良好的精神状态，这也是人们释放心理压力的一个重要渠道，可见这种交往可以使人深层次的精神和心理需求得到满足。

作为一种乒乓球文化传播的形态，人际传播在当代依然占有重要的地位，发挥着重要的作用，在相当长的时间，这种传播方式还会继续存续下去。但也要注意，随着乒乓球受众的增加，对乒乓球与时俱进的传播提出了更高的要求，而这是单一的人际传播无法满足的。

五、乒乓球运动文化的传播媒介

（一）乒乓球文化传播媒介及演变

乒乓球文化传播的媒介有很多，报刊、图书、广播、电视、广告、网络等都是非常重要也非常普遍的传播媒介。但从传统上看，报刊新闻报道及新闻评论依然是人们了解乒乓球文化及相关信息的主要渠道和手段。

从人类社会产生到发展，信息传播活动就一直存在。传播活动是人类交流信息、沟通情感等的重要途径。开展传播活动需要采用合理有效的传播工具、传播手段及传播方式。因此，在生产劳动过程中，人类不断发明和创造信息传播的方式及手段，从而也促进了传播的不断延伸，使得传播的规模一步步扩大。媒介技术的产生与发展对信息传播的孕育和诞生产生了重大的影响，当前传播行为在人类生活中发挥着越来越重要的作用，这与传播技术的演变分不开。

1. 语言与文字传播媒介

在乒乓球文化发展初期，文化的传播主要采用语言传播与文字传播的方式，即使是科技发达的今天，语言传播的作用依然不容忽视，其在乒乓球文化传播中依然发挥着重要的作用。因为语言可以传输声音，能够将乒乓球与人们之间的联系系统、直观地表达出来，这对人类有效利用相关信息、从事信息传播活动具有很大的帮助。随着现代乒乓球文化交流范围的扩大，不同国家的人们也开始通过语言进行乒乓球文化交流，而且以口头交流居多，如日本的乒乓球运动员福原爱精通汉语，所以与中国队保持着良好的交流，这因此而得到了国内外的广泛关注。但语言传播也有缺陷，主要表现在转瞬即逝，离开人的记忆系统，语言传递的信息就无法保存，而且传播的信息还会因为受到各种因素的影响而“变形”，从这一方面来说，口头语言传播是具有很大时空局限性的。

在人们逐渐认识到语言传播的缺陷后，作为抽象化、规范化符号系统的文字传播便得到了广泛的运用。人类通过文字和书写工具记录与保存信息，实现了文化的代代传承。在人类传播手段的演进与技术的进步中，语言和文字的诞生都是非常重要且具有广泛意义的里程碑。在乒乓球形成初期，主要以文字的形式来记载乒乓球文化的一切活动。我们可以从报刊记载的乒乓球运动历史中了解乒乓球运动发展的来龙去脉。

2. 电子传媒

随着科学技术的不断进步，社会逐渐进入了电子传媒的新时期，世界上第一家电视台成立于1936年，地点在伦敦市郊，英国广播公司（BBC）成立电视台促进了电视广播和传播的发展，这是电视时代来临的标志，从此我们可以从电视屏幕上看到乒乓球运动。乒乓球文化的电视传播促进了乒乓球影响力的扩大和受众的增加，人们在家里就可以通过看电视来对精彩的乒乓球表演和竞赛进行欣赏，从而领略优秀乒乓球运动员的精神与风采，了解乒乓球运动发展中的重要历史文化事件。

3. 新媒介

随着传播技术的不断更新与演进，大众传播媒介从传统媒介（报纸、杂志、广播、电视）扩大到了新媒介（网络、移动电话等）。新的传播技术诞生后，传统传播技术并没有遭到淘汰，继续发挥着自己的作用，而且人们还对新旧传播媒介进行了整合，形成了新的传播形式，如电子图书、电子报纸、网络电视、网络广播、电子邮件等都是成功的例子。这些新传播媒介的出现促进了新旧媒介的融合，扩大的传播的功能，提高了传播的效率。与传统的纸质报纸相比，电子报纸更有利于人们对特定讯息的搜寻；数字广播与数字电视这些新媒体可听、可看，可以满足人们的多元需求；超媒介的网络具有多种传播媒介的优势，可以使人们以最快的速度获得各种有关的乒乓球文化信息，满足人们的需求。

（二）传播媒介对乒乓球文化的影响

随着乒乓球运动的不断发展，其逐渐成为人们体育生活中的重要组成部分。在现代人类的健身、休闲和娱乐活动中，都能够看到乒乓球运动，正因为乒乓球运动具有如此庞大的群众基础，才受到了大众传媒的广泛关注，也因此而成为重要的传播内容。乒乓球文化的传播因专业性体育传媒的出现而拥有了更加广阔的传播平台，乒乓球文化的社会影响力也因此而进一步扩大。

乒乓球诞生之初，人们对其了解甚少，但随着大众传播媒介的介入，乒乓球运动被传播到欧洲各地，进而向亚洲和非洲蔓延开来，通过大众媒介的宣传与传播，越来越多的人认识了乒乓球。大众传媒具有独特的优势和多元的传播手段，其营造的“信息环境”使得人们的乒乓球认知及行为不断改变，也使得乒乓球运动在我国发扬光大，而这正是不断进行传播的结果。乒乓球诞生后，随着大众传媒的传播，这项运动出现在人们的生活中，丰富了人们的休闲文化内容，吸引着人们参与其中。大众媒介不仅传播乒乓球文化，同时也传播引导人们健身健心的健康理念，人们的运动理念也因此而发生改变，并积极参与乒乓球运动，扩大了世界乒乓球人口规模。

随着乒乓球体育功能的不断挖掘和影响力的不断扩大，作为宣传乒乓球运动文化最有力工具的大众媒介开始将传播重点转移到乒乓球运动中所蕴含的体育精神上来。我国在乒乓球运动方面获得了无数的荣誉，中国乒乓球鼓舞着每一个国人的心，而且得到了全世界的广泛认可。此外，随着大众传媒的不断发展和传播力度的不断加大，世界各国领导人和社会知名人士也亲自参与乒乓球运动，我国政府也逐渐重视大众乒乓球运动的发展，学校体育教育中，乒乓球运动更是非常重要的教学内容，这些现象都说明人们对大众传媒是认可和接受的，因此也接受大众传媒传播的乒乓球文化。人们对乒乓球功能与作用的认识不断深化，正是受大众媒介多渠道传播影响的结果。

体育媒介市场的内容非常丰富，常见的因素有乒乓球运动队、球星、乒乓球赛事、健身娱乐活动等，这些因素均以自身独特的魅力吸引了大量的爱好者及观众群体。要把体育媒介市场做大做强，就必须加强对这些因素的宣传，而这也得到了媒体的重视，这是扩大销售市场的重要途径。宣传这些因素促进了乒乓球文化的传播与传承，促进了乒乓球的普及，只有了解乒乓球运动的人越来越多，参与其中的人才会不断增加。

本质上来说，起源于娱乐游戏的乒乓球本身就是休闲娱乐活动之一，所以乒乓球运动文化具有娱乐功能，具有娱乐休闲性特征，在乒乓球文化传播中，这一特征也有明显的反映，因为传播的内容本身就是一项娱乐活动。乒乓球运动本身也是一种艺术表现形式，而且具有技能性特征，作为艺术形式的乒乓球运动具有极强的表现力和观赏性。对这种艺术形式进行广泛传播，必然会使越来越多的人喜欢乒乓球运动。

第三节　乒乓球运动跨文化传播

一、乒乓球运动在欧美的传播

（一）乒乓球运动在欧美传播的条件

乒乓球这项运动最初起源于英国，并很快受到人们的喜爱，由于其运动规则与网球较为相似，但是比网球更小，更加灵活，因此非常有利于早期的传播和推广。随着在英国的快速发展，之后逐渐向欧美大陆传播，并迅速遍及欧洲大陆。其中与英国和欧美的文化历史有着深厚的渊源。

1. 英国是近现代竞技运动的发源地

翻开世界近现代的竞技体育史，就会发现几乎所有的现代竞技运动都起源于英国，或者是在英国大力发展下才有了今天的情形。这与欧美社会的发展进程不无关系。当时，由于英国率先完成了工业革命，在社会构建和经济发展方面远远领先于欧洲其他国家。当整个欧洲大陆还处于资产阶级革命的腥风血雨之中时，英国已经实现了财富的快速积累，这使得贵族商贾们获得了更多自由休闲的时间和优越的物质生活条件。在这样的历史背景下，英国人形成了独具特色的户外运动与竞技运动传统，并开创了许多竞技运动项目。尽管这些项目在最初还十分简易，规则尚待商榷，但是它们构成了当今遍布世界各地的竞技体育活动，如竞走、跨栏、三级跳远、划船、赛艇、水球、足球、网球、曲棍球、橄榄球、高尔夫球、板球、冰球等。

不得不感慨，工业革命带给人类社会的影响是深远的，并且遍及经济、文化、政治、体育、商业等多个领域。由于工业革命让英国社会发生了全面的改变，尤其是城市的兴起和人口的快速增长，这些都成为发展体育项目的重要前提。并且,与当时欧洲大陆主流项目体操相比,这些新兴项目更具竞技性、娱乐性和观赏性,因而深受大众的喜爱,这为这些运动项目的传播做好了准备。

2. 英国是近现代职业体育的发源地

随着越来越多的竞技运动的出现并在社会广泛流行,一些受众人群较广的项目的比赛活动开始定期举办,由此逐渐发展出成熟的比赛制度,这为日后的职业体育发展埋下伏笔。当时的社会上,许多运动项目已经出现了运动员、体育界老板以及观众这样的角色分工,可见近现代职业运动的萌芽已经初步展现。

3. 英国是近现代运动俱乐部制度的发源地

随着各种体育运动项目的争相发展,需要建立一些特定的组织来促进运动的有序发展,并且便于各个项目的参与人员之间的交流和互动,因此,世界上最早的体育俱乐部在英国爱丁堡诞生——花样滑冰俱乐部。这意味着近现代体育组织的发展又向前迈出了一大步。

综上可见,由于英国社会良好的经济、文化和体育环境,为竞技体育的发展创造了有利条件。其中乒乓球运动的诞生与发展就是其中一例。英国就像是一个孕育近现代竞技体育的摇篮,为世界培育了众多的体育运动项目。并且,由于其在运动制度、标准、俱乐部等方面的发展,又为这些运动的传播起到保驾护航的作用。乒乓球由英国向欧洲大陆及美国传播的途径,主要是通过商人、神职人员、军人等人际交往开始的。当乒乓球在欧美各国都拥有一批稳定的受众之后,一些规模更大的组织、协会、竞赛等逐渐出现,这成为乒乓球运动广泛发展和传播的重要前提。

(二)乒乓球运动在欧美传播的优势

1. 多元共生的文化

欧洲是大西洋上一个美丽的半岛,由多个民族和国家组成,在历史上曾为人类社会创造了璀璨的文明。由于历史和地缘的关系,欧洲人口的一个显著特点就是由移民组成。在欧洲各个国家,基本上都是以白人为主,但同时也生活着相当比重的来自各个国家和民族的有色人种。欧洲人口的这一种族因素对它的政治、经济、文化甚至体育的发展所产生的影响是多方面的。由于移民文化悠久,因此欧洲文化具有多元、包容、共生的特点。来自不同种族和民族的人们,他们成为不同文化的携带者和传播者,并通过宗教、贸易、商业、旅行等多种渠道将不同的文化传播到世界各地。其中,乒乓球运动的跨文化传播就是这样发生和发展的。

另外,美国虽然在遥远的美洲大陆上,但是由于美国最初是英国的殖民地,美国文化也是西方文化的一个分支,尤其受英国文化的影响最为明显。比如语言、法律系统、商业模式等都是从英国沿袭而来。而英国发达的近现代竞技体育文化也直接传播到美国大陆,并得到进一步的发展,因此,乒乓球运动传播到美国几乎是必然的。

2. 绝佳的地缘优势

欧美国家至今仍然经济发达,他们不仅文化相近,且经济发展水平也十分接近,这成为文化传播的绝佳优势。另外,从社会制度角度来看,欧美都是资本主义国家;从文化传统和形态来看,它们都属于基督教文化、西方文化的范畴。并且,欧美国家普遍的价值观是以构成现代文化核心观念的科技、理性和“自由、平等、博爱”为根基而发展的。以上这一切,都是乒乓球运动乃至其他竞技体育文化跨文化传播的天然优势。

二、乒乓球运动在非洲的传播

(一)乒乓球运动在非洲传播的特征

乒乓球传入非洲大约是在20世纪初期,但是由于非洲长期受到殖民统治,体育运动在非洲的传播是比较艰难的,只有当时的埃及、马尔加什和尼日利亚等地区有些许的发展。随着非洲大陆各个国家的民族独立,乒乓球运动才真正传播开来,如加纳、法尼亚、毛里求斯、塞勒拉窝内、苏丹、埃塞俄比亚、摩洛哥、乌干达等。

乒乓球在非洲的传播还有一个特点,就是受到其殖民国家的内在影响。比如北非的摩洛哥,由于属于法国的殖民范畴,因此摩洛哥的乒乓球运动基本上是当地法国殖民者的休闲项目。后来,随着摩洛哥、突尼斯等国家的独立，乒乓球运动才真正地在当地民族普遍传播开来。

（二）乒乓球运动在非洲传播的价值

1. 竞赛活动频繁，国际联系增多

随着乒乓球运动的日益发展，非洲大多数国家都成立了全国性的协会组织。进而，乒乓球运动在非洲各国广泛传播，各种形式和级别的乒乓球运动在非洲大陆陆续开展。通过乒乓球运动，极大地促进了非洲国家间的交流，以及非洲与世界其他地区、国家的文化互动，这对非洲社会、文化、经济的发展具有积极的意义。

2. 竞技能力提高迅速

阿联、加纳、尼日利亚代表着当前非洲乒乓球运动的最高水平，甚至在一些重要比赛中名列法国、印度、挪威、希腊、威尔士、意大利、卢森堡、荷兰、西班牙、葡萄牙、比利时、澳大利亚等国之前。这对非洲建立文化自信具有举足轻重的作用。

三、乒乓球运动在亚洲的传播

乒乓球传入亚洲最初是从日本开始的，大约在 1902 年间，日本已经有以学生为主体的乒乓球俱乐部的文献记载。因此，在 20 世纪最初的 20 年左右，乒乓球在日本主要限于学校范畴，并未在社会上广泛传播。但是对乒乓球在亚洲的广泛传播起到了重要的推动作用。1972 年，日本携手中国创设了亚洲乒乓球联合协会，并共同努力发扬亚洲乒乓球技术，每隔一年召开亚洲乒乓球锦标赛，这些都为乒乓球的发展做出了努力和贡献。

（一）乒乓球运动在亚洲的传播方式

源于西方的现代竞技体育运动传入亚洲，主要表现为两种方式，一个是由于殖民扩张而来的移民、商旅、宗教传播等方式，另一个是亚洲国家主动引进西方先进文化。由于西方对亚洲的殖民侵略，因此不少亚洲国家对来自西方的体育运动形式持排斥的态度。但是也有例外，比如土耳其王朝就曾主动引进西方的一些运动项目，用于锻炼政府管控的军事学校的学生的身体素质。

另外，除了一些封建政府之外，还有一些资产阶级也积极引进西方的体育项目，如菲律宾著名的资产阶级改良主义者何塞·黎萨、中国的旧民主主义革命者等。总之，到19世纪后期，西方几乎所有重要的体育运动项目都传到了亚洲，如划船、田径、足球、篮球、排球、游泳、自行车、乒乓球、高尔夫球、橄榄球等。

亚洲的乒乓球组织起步比较晚，制度较为落后，但是由于欧洲乒乓球俱乐部的模式是亚洲乒乓球俱乐部发展的一个参照，所以颇有后发制人的态势。

（二）乒乓球运动在亚洲的传播价值

乒乓球在亚洲的传播过程中，日本起到了非常突出的作用。由于日本的乒乓球运动发展要早于亚洲其他国家，因此，其运动员在乒乓球技术方面的探索也远远地走在前面。比如，采用中远台单面长抽打法就是由日本运动员发明的。

总之，在日本的带动下，亚洲许多国家逐渐推广乒乓球文化，中国后来居上。近年来，中国一直都是世界乒乓球最高水平的代表者，这对中国整体竞技体育大发展，以及民族自信心的提升，都具有深远的意义。

第四节　乒乓球运动文化的发展

一、乒乓球物质文化的发展

本节将乒乓球运动的物质文化层界定为由器物的立场出发，对乒乓球运动项目本身彰显出的文化品格进行深入挖掘，具体是指乒乓球运动项目本身、相关人员、乒乓球拍、乒乓球、乒乓球台、乒乓球运动辅助用具、乒乓球服饰、乒乓球场馆等基础性设施、不同类型的传播媒介、实物纪念品等。受篇幅限制，本节仅以乒乓球、乒乓球拍、乒乓球台、乒乓球网为研究对象，来阐析乒乓球运动物质文化层的发展。

（一）乒乓球的发展

综合分析乒乓球发展历程能够得出，乒乓球运动使用的球反映出的器物文化精神实质一直处在不断变化的过程中。19 世纪末是乒乓球运动诞生的时间，英国人借助穿线的长柄球拍在餐桌上击打软木塞或者橡胶制作的小球，“Table Tennis”就是在这个游戏中逐步形成的。该阶段乒乓球质地主要是软木与橡胶球，这也是娱乐化规则游戏精神的具体反映。随后，质量较轻、弹性良好的赛璐珞空心球被传播开来，“Ping Pang”——乒乓的叫法产生。自此，赛璐珞制成的小球一直伴随“餐桌游戏”展开了很多次器材方面的革新，逐步转变成当前的形态。在样式多样的乒乓球中，赛璐珞质地的乒乓球不仅使用范围大，同时使用时间长，便于批量生产的赛璐珞乒乓球成本较低，是亲民化特点的突出表现，现阶段已经成为服务广大国民、趋向娱乐化的大众健身运动。自 2014 年 7 月 1 日开始，安全性和环保性更加突出的塑料球取代了赛璐珞乒乓球。从赛璐珞球转变成塑料球充分反映了乒乓球运动从“游戏—竞技—群众体育—以人为本的体育”的发展过程，取代赛璐珞的出发点是“健康”，这反映了乒乓球运动器物文化中的“以人为本”。乒乓球本身的变化彰显出的器物文化同样随着历史演进而变化。

1. 乒乓球质地的发展

乒乓球运动来源于网球运动，最开始的乒乓球运动是在餐桌上逐步发展来的，传说中最开始是借助酒瓶软木塞与木板回击球的，因而乒乓球最开始的形态是软木屑制作的，那个时期的乒乓球运动就是借助软木屑制成的球和木质球拍进行娱乐的游戏。由于用木屑制成的球弹性较小，因而人们想到用橡胶球来替代软木屑制成的球，某些情况下会在木屑球外面包上一层质量轻而结实的毛线，这就使得很多人称其为“小网球”。大约经过十年以后，由于那个阶段的乒乓球在英国的群众基础相对庞大，英国越野运动员詹姆斯·吉布（James Gibb）去美国看到赛璐珞空心球的弹性大、质地轻且形状规则，就把赛璐珞带回美国，1935 年之后的正式比赛都选用赛璐珞制成的硬质球。

2013 年 5 月巴黎世乒赛期间，国际乒联器材委员会与世界乒乓球器材制造商联合会共同决议，要求从 2014 年 7 月 1 日开始，乒乓球运动将停止使用赛璐珞球，改为使用更安全的塑料球。有“乒乓王子”之称的孔令辉介绍，塑料新球是由两个半球组成的有缝球，其飞行规律容易被队员找到。另外一种无缝球是一片式，没有软硬不均匀的问题，队员掌握运行规律与旋转规律的难度较大，旋转减弱，但弹力与速度增加幅度十分明显，对使用正胶、长胶、削球打法的球员有明显的积极作用，但对擅长抢前三板进攻型球员有明显的负面影响。就硬度、圆度、重量、偏心、弹跳等方面来说，新材质球和赛璐珞球理论上差异较小，但新球的直径存在细微的增大，同时材质方面出现一些变化，造成球体旋转出现下降趋势，这大大增加了上旋球与相持球的概率，使得乒乓球运动员需要达到更高的要求，球员需要消耗更多体能。

2. 乒乓球规格的发展

自从中国队顺利夺得第 36 届世界乒乓球锦标赛 7 项冠军后，增加乒乓球体积、加高网的声音已经出现。2000 年 2 月 23 日，国际乒联特别大会和代表大会在吉隆坡通过 40 毫米大球改革方案，同时决定自 2000 年 10 月 1 日起乒乓球比赛将使用直径 40 毫米、重量 2.71 克的大球，用以取代 38 毫米小球。具体来说，这里所说的大球直径是 40 毫米，外半径为 20 毫米，内半径为 19.61 毫米，球的质量为 2.71 克，体积为 1.92 立方厘米。

分析球的演变过程可以发现，乒乓球持续变化体现出的文化元素与该运动整体的文化走向比较符合，发展主线是“贵族”走向平民、由“娱乐”走向“竞技”再返回“健身为主、娱乐为辅”的时代。红酒瓶软木塞、胶皮小球时代的乒乓球来源于生活；贵族使用的软木屑或带网软木屑则是在有限制造条件下的精良工艺，目的是使乒乓球运动的优雅特征更加显著、更加明显地反映自身的身份地位；赛璐珞制成的空心乒乓球是竞技体育锦标与金牌共同作用下的产物，其增加了乒乓球运动的旋转与速度；塑料球的改革目的是促使人们更加健康，其改革工作体现了乒乓球运动回归生活、重视“以人为本”的文化发展理念。

（二）乒乓球拍的发展

乒乓球拍是乒乓球运动的重要因素，是乒乓球运动的关键性器材之一。由于乒乓球拍的板面质地可以根据自身情况进行适度选择，同时拍面覆盖物的组合存在着很大差异，所以就成为乒乓球运动员唯一可以发挥主观能动性的核心器材。

从整体来说，乒乓球拍的演变过程大致如下：羊木拍—纯木拍—胶皮木拍—海绵木拍—海绵胶拍—正胶、反胶、生胶、长胶、防弧拍—碳纤维底板、新型胶（表 2-2）。

表 2-2　球拍的演变过程

时间	演变过程
1880—1910	（1）长柄羊皮纸拍，也称“班卓”拍，长 19.5 英寸 （2）短柄羊皮纸拍 （3）光板木拍 （4）砂纸拍，可增加球的旋转 （5）软木贴面拍，性能优于砂纸拍
1920—1950	（1）胶粒拍 （2）加宽胶粒拍，受早期防守型队员偏爱 （3）硬海绵拍，流行于 20 世纪 50 年代初 （4）软海绵拍，厚度约八分之三英寸，20 世纪 50 年代为日本选手喜爱 （5）皱纹橡胶拍，不易控制球的方向，存在时间极短
1960—1980	（1）胶粒与板之间加一毫米厚的海绵，不利旋转 （2）胶粒与板之间加两毫米厚海绵，易进攻 （3）防弧胶皮拍，适于防守型打法 （4）反胶加 2 毫米厚海绵，击球的速度、旋转居各种球拍之冠 （5）反胶加 1 毫米厚海绵，具有超群的控制球功能

1. 木板球拍

乒乓球运动是在网球运动的基础上不断发展起来的，乒乓球拍在发展初期和网球拍有很多相似点，主要的形态特征是中间空心、手柄比较长、椭圆形、拍面盖着羊皮纸。发展到 20 世纪 40 年代，人们所用乒乓球拍是木板球拍、拍柄长度出现了缩短、拍子形状与设置与现阶段的板羽球存在很多相似之处，人们参与乒乓球运动的形式是在桌子上挥舞拍子隔网击球。虽然木板拍表面平整、坚硬，但球拍击球过程中形成的摩擦力和弹性比较小，因而使其产生的旋转同样比较小。由于木板球击出的球速度较慢，可供使用者选择的方式仅有平挡和直扣，因而该阶段没有变化多样的打法，技术难度比较小。

因为产生于乒乓球运动发展初期的木板拍在标准和拍型两个方面都不够稳定，所以木板拍的形状同样没有统一，同时其观赏价值越来越突出。木板拍包括手枪卧槽型、条纹手柄和菠萝纹拍面拍、镂空铝制球拍、镶嵌精致银质徽章球拍、龟甲球拍等。形状多样的木板球拍是那个阶段上流社会的贵族文化。该项运动起初在上层社会极为盛行，其中贵族女性对其表现出了浓厚兴趣，所以拍身上有不同类型的镂空图案和弧线，拍柄和拍框所用材料丰富且附有很多种装饰，目的是衬托该运动的贵族气息，另一方面也推动乒乓球运动成为上流社会追求高品质生活的重要象征。尽管很多国家都在大力倡导运动项目应当大范围普及且朝着平民化方向发展，但无论乒乓球运动的推广方式是何种，利用哪些方式达到乒乓球亲民的目标，都不能对乒乓球运动的贵族血统视而不见，甚至在该项运动向大众化方向发展的过程中，依旧要时刻牢记并深入探究乒乓球运动的贵族背景，凭借乒乓球运动的历史礼仪与深厚文化，促使乒乓球运动在国人中发挥更加多元化的价值。

2. 胶皮球拍

不管是哪种运动项目，起源和发展均与生活存在十分紧密的联系。从羊皮长柄球拍、木板球拍过渡到胶皮拍和乒乓球运动的起源相同，同样是一个偶然过程。1902 年，英国人库特(Goodea)参加完伦敦的一项乒乓球比赛后，受胶皮盘子的启发，产生了在乒乓球拍上增加胶皮的想法。和羊皮纸相比，胶皮的弹性和摩擦力都很大，所以库特(Goodea)就把自己的设想落实到实践中，把胶皮当成球拍的覆盖物，同时借助该球拍获胜。库特在比赛中获胜后，胶皮覆盖在拍面上的做法被大范围推广，这是大力革新乒乓球运动的第一步，随后胶皮球拍逐步诞生。因为胶皮球拍的弹性、触球面积、摩擦力都比较大，这种设计对球的飞行方向和旋转方向都有控制作用。胶皮球拍击出的球，具有更强的可控性与攻击力。胶皮球拍的出现是乒乓球运动发展历程中的一个重要里程碑，由于胶皮球拍比木板球拍的进攻性和可塑性更大，因而推动乒乓球运动技术迈入了崭新的发展阶段，不同种类的旋转球技术相继出现，此外为削球打法的发展打下了稳固基础。发展到 20 世纪 50 年代前后，人们把胶皮拍当成基础，为增加球拍与球之间的摩擦力，把胶皮拍的拍面做成了小颗粒状,从而增加乒乓球的旋转次数,包括拉球在内的多种控制球的战术相继出现。所有乒乓球运动项目的器物性改革均会对乒乓球运动的文化样态发展产生影响。在乒乓球拍从木板拍过渡到胶皮拍、从胶皮拍发展成小颗粒状胶皮拍的背景下,有效丰富了乒乓球运动技术的样态,基本打法与技战术均获得了很大的发展。

胶皮拍的出现使越来越多的乒乓球运动员与教练员认识到革新球拍对运动技术与运动成绩的重要作用。乒乓球拍经历了首次革新以后,球拍技术创新演变成了在乒乓球比赛中获胜的重要手段。因为乒乓球运动在刚刚盛行时很少限制器材,所以乒乓球拍的大小、形状、重量、薄厚等方面均未形成统一标准,所以开展乒乓球运动的国家都把很多精力放在球拍胶皮和海绵的技术革新上,以此提升乒乓球运动技术水平。

胶皮球拍运用发泡橡胶的方法使得奥地利乒乓球运动成绩获得了质的提升,具体做法是在把"发泡橡胶"放到胶皮和木板中间。发泡橡胶投入使用的具体作用和橡胶球拍存在很多相似之处,目的都是增加橡胶的弹性与攻击性,使球拍的可控性功能更加显著,从而更精确地掌握球的旋转方向与运行轨迹,使得乒乓球拍能够更有效地控制击球的力量、速度、角度、旋转。

3. 乒乓球拍的逐步统一

1959 年,国际乒联为了进一步推动乒乓球运动朝着规范化方向发展,出台了针对乒乓球拍规格的决定,即"拍面应为均匀一致的无光泽暗色;拍面覆盖物可以是一层颗粒胶,连同黏合剂不超过 2 毫米,也可以是在一层海绵上再贴上一块厚度不超过 2 毫米的颗粒胶,连同黏合剂不超过 4 毫米"。

国际乒联在 1979 年到 1981 年对球拍底板实施了补充规定,明确了"拍身应是木质的,拍身厚度至少有 85% 是天然木材,而且黏合层不超过总厚度的 7.5% 或是 0.35 毫米,不管哪种算法,取其数小的一种",同时要求"拍身的黏合层可包括加强的纤维材料,诸如碳纤维、玻璃纤维或压缩纸"。1983 年,第 37 届国际乒乓球联合会代表大会正式终结了乒乓球拍胶皮性能差异产生的特殊影响。从 1986 年 7 月 1 日开始,规则又明确规定乒乓球拍的两面应当是鲜红和黑色。

自从乒乓球变成 40 毫米的大球以后,球体积增加造成乒乓球的运动速度和旋转都出现了不同程度的降低,但乒乓球和空气之间的摩擦阻力却有所增加，使得击球力量比过去要大一些。在乒乓球不断改变的背景下，乒乓球拍的底板与胶皮均产生了变化，如日本研发了胶皮粘性更强的“炸弹海绵”，出现了较硬层底板和较软层底板。

乒乓球器材的革新涉及各个方面，可以牢固黏合乒乓球拍底板与海绵的胶水同样成为一个科研重点。乒乓球胶水通常由两种物质构成，分别是橡胶粘合剂和有机溶剂。胶水将橡胶粘合胶体溶于有机溶剂，再用胶水把底板和橡胶黏合在一起。胶水除了黏合底板、胶皮以及海绵之外，还有一个突出作用，即灌胶。灌胶是在运动员使用球拍前重复刷胶水，目的是让有机溶剂挥发出的有机气体进入海绵中，促使海绵中产生气泡，通过膨胀海绵的方式来增加乒乓球拍的弹性与活性。

在 20 世纪 80 年代末，欧洲选手使用快干胶水越来越得心应手，因为弹性较大使拉出来的弧圈球旋转幅度更大，所以大幅提升了击球质量与回球质量。与此同时，灌胶的手法同样在持续改进，曾出现过所谓的“俄罗斯灌胶法”和“盒式灌胶法”，但所有类型的灌胶法都旨在用最少胶水得到最好效果，把胶水中挥发出的有机溶剂限制在封闭空间，为其融入海绵中提供保障，由此使海绵弹性有效增加。但有机胶水中的刺激性气味会威胁人体的呼吸系统和神经系统，国际乒联规定自 2006 年 9 月 1 日起，国内外正规比赛赛场需要使用不含苯、甲苯、二甲苯等任何有毒物质的、以水为溶剂的橡胶黏合剂，即无机胶水。

在乒乓球拍持续标准化、统一化、规范化的情况下，大大充实了乒乓球运动项目的物质文化。在乒乓球运动技术文化持续发展的背景下，乒乓球运动的竞技性与观赏性特征越来越突出，技术、战术以及心理三方面的要求更加多样化，技术维度和运动员可塑空间都有增无减。因为乒乓球器物变革造成的乒乓球物质文化变更越来越明显。在乒乓球运动的发展初期，乒乓球拍出现的各类变化都是为充分反映贵族的身份与地位，乒乓球运动文化仅仅停留在为上流社会服务的状态。自从乒乓球运动从上向下完成推广以后，乒乓球运动彰显出的物质文化内容越来越多样化，但功利性特征同样越来越突出。因为乒乓球运动的开展范围广且群众基础深厚，各方面的规则正在不断完善，乒乓球赛事的形式、层次、制度的规范化特征越来越明显，乒乓球运动在 1988 年成为正式的奥运项目，标志着其正式进入现代竞技的顶级舞台，为奥林匹克运动的发展贡献了很大的力量。

（三）乒乓球台的发展

对于乒乓球运动来说，乒乓球台是发挥承载作用的器物，乒乓球台的发展演变过程没有乒乓球拍与乒乓球那么明显，但也彰显着乒乓球运动的具体发展，可以充当乒乓球运动器物文化的承载者。起初，简便餐桌与简便课桌被用来充当球台，可以分隔空间的课本等生活用品被用来充当球网，球拍的制成材料是羊皮，橡胶或软木塞被用来支撑球，没有对球桌大小、台面弹性、球网高低进行严格规定。在此之后，乒乓球台的台面和球网越来越专门化和正规化，但为了控制球并减少捡球时间，在乒乓球台的两个侧面设置了放射形状隔网，旨在避免“乒乓球”随意掉落。此外，台面上的长方形木质围栏用来设定球的活动范围。1926年到1951年是欧洲乒乓球快速发展的时期，颗粒球拍的产生对球旋转的增加产生了很大的积极作用，那个历史阶段的球网高17厘米、球台宽146.4厘米、球体比较软，有效推进了削球的发展。第11届世界乒乓球锦标赛之后，国际乒联修改了乒乓球规则，科学调整了球台规格，球台被放宽到152.5厘米，球网被降低到15.25厘米。在现阶段，国际标准乒乓球台面由韧性强的木料制成，上层表面被称为比赛台面，长2.74厘米，宽1.525厘米，离地面76厘米，与水平面平行，竞技用球台厚度通常为18 ~ 30毫米，此外球网高为0.1525米（图2-1）。乒乓球台采用暗色调且没有光泽，台边各有2厘米宽的白线，长的和短的分别是边线和端线。两边球台的台面都被一条与边线平行的3毫米宽的白色中心线等分，该中心线被当成每个右半球场的区域。国际比赛使用的乒乓球台一定要经过ITTF批准，乒乓球台可以选择的颜色分别是蓝色或绿色。在现阶段，乒乓球台主要包括三类，分别是非滚动式球台、滚动式和单折球台、滚动式和整体折叠式球台。

图 2-1　乒乓球台

乒乓球台的发展过程还彰显了从“自在”到“自为”再到“自觉”的发展历程。原始球台把游戏性和娱乐性摆在重要位置,始终采取两边带网、四周带隔板的策略,这种球台为参与者捡球提供了很大的便利,有助于人们在更集中的时间段内深刻感受击球的快感,有助于维持运动的持续性。在那个时期,乒乓球网带的质地存在很大差异且质量优良,发展成彰显贵族身份的手段之一。随后,乒乓球台逐步失去“游戏”的特征,慢慢朝着“竞技”的方向发展。正规比赛中提出的各项球台规则逐步朝着统一的方向发展,统一标准的同时把“移动和存储的便利性”摆在越来越关键的位置,折叠样式与移动样式等随之出现。在不断发展的过程中,慢慢产生了家用迷你乒乓球台与针对教学特制的乒乓球台,其物质文化在竞技体育的引导作用下反映出归回娱乐性的发展趋势,“寓教于乐”的作用被越来越多的人重视起来。

(四)乒乓球网

乒乓球运动发展初期的球网有 10 英寸,有很多种颜色,网眼的大小差异也很大。在那个阶段,手工捆系、手工编织、机器制造是生产球网的常见方式。

二、乒乓球精神文化的发展

乒乓球运动的技术、战术、心理机能、发展理念、赛事定位、口号等,都是乒乓球运动项目精神层面的关键内容。深层探究乒乓球运动的精神文化层，往往是解析体育精神与乒乓精神，同时结合作用于我国乒乓球运动精神实质、乒乓球运动不同发展时期的节点加以分析，准确阐明乒乓球运动发展中精神层面的演变。就乒乓球运动的精神文化层研究来说，不应当只局限于传统的和典型的乒乓精神阐释，而需要分配更多时间和精力来研究乒乓球运动发展历程中体现出的其他思想、价值、理念、态度等多方面的内容。这里所指的思想、价值、理念、态度不单单定位于参与乒乓球运动的人，还需要把和乒乓球运动有紧密关系的人考虑在内。下面着重对打开国门的国球情结、非金牌即失败的金牌情结、针对非均衡发展的“大乒乓球观”展开深层次探析，以期阐明乒乓球运动精神文化层面的发展情况。

（一）打开国门的国球情结

当提及国球时，国人心中都是极为神圣的，这种国球情结已经演变成激励人们积极参与乒乓球运动的重要力量，成为乒乓球运动精神层面不得不提到的关键组成部分。乒乓球运动曾经被当作一种政治方式打开国门，创造了中美建交的良好时机，所以乒乓球运动对我国具有特殊意义。尽管乒乓球运动推动中美建交反映出的是政治意义，但其对乒乓球文化的多元化和丰富性发挥了重要作用，使得乒乓球精神文化的领域被进一步拓宽，所以在乒乓球运动的这种历史使命下逐步成为一种情结。就亲身体验我国从紧闭大门到开放国门的一代人而言，乒乓球运动是我国从旧时代过渡到新时代的重要窗口之一，乒乓精神对中美破冰发挥了突出作用，有效改变了人们坚持很久的旧观念。

“乒乓外交”是一段烙印在中国人内心深处的历史事件。1971 年 3 月 21 日，中国乒乓球代表团到达日本，为参加第 31 届世界乒乓球锦标赛作准备。我国乒乓球运动员庄则栋和美国乒乓球运动员科恩的友好行为使美国乒乓球队产生了访华的想法。1971 年 4 月 10 日，我国对外宣布正式邀请美国队访华，这一天参与第 31 届世乒赛的美国乒乓球代表队应邀到达北京进行交流与访问，中美两国 22 年互无交往的局面被打破，这次交流与访问又叫“乒乓外交”。中美两国乒乓球队之间的友谊使得中美两国关系顺利破冰，为我国走向国际创造了良好的机会，这段历史也被人们称为“小球推动大球。”1971 年 4 月 14 日，我国领导人会见美国、哥伦比亚、加拿大等多个国家的乒乓球代表团，同时邀请他们参观长城和清华大学等。就在1971年4月14日，美国发表了友好声明，同时颁布了一系列优化两国关系的可行性措施，两国之间的邦交开始朝着正常化的方向发展。在当时历史条件下，访华的美国乒乓球队扮演着中美两国的民间外交特使。

1972年2月21日，尼克松访华，1972年4月11日，中国乒乓球队回访美国。中国和美国把体育运动项目当成媒介开展的国际交流在世界范围内产生了很大的影响力，成为世界各国密切关注的一项历史事件。

乒乓球运动传递的友谊不受国界的限制，各种精神是中国和美国自建立外交关系以来的重要原动力，乒乓球运动同样由于打开国门的突出贡献而演变成国人心中的一种情结。这种情结在人类精神世界逐步丰富的情况下越来越明显。20世纪70年代，我国正处在社会转型期，人们的精神、思想、意识形态、行为方式四个方面都发生了翻天覆地的变化。自打开国门之后，我国开始积极接收来自世界各个角落的讯息，我国各个领域的发展都在积极紧跟世界发展的脚步。因此，就精神层面来说，乒乓球运动成功打开了国人的眼界，很好地扮演了人们精神的桥梁，这种情结伴随爱国主义精神弥漫我国社会的各个角落，其在乒乓球运动中的直接反应是人们对乒乓球运动的喜爱，这种国球情结一直延续到今天。对于国人来说，打开国门、小球推动大球、乒乓球外交已经演变成广大群众精神中的关键节点，其依附在乒乓球运动项目中，是乒乓球运动精神文化层面的一项关键性因素。我国领导人曾经在致辞中多次提起“乒乓外交”发挥的关键性作用，其不只是融化了中美两国的隔膜，同时大大增加了两国人民的好感，国民间的交流变得越来越顺畅，是中国与美国邦交关系正常化的前奏。

“乒乓外交”本身拥有相当深厚的精神内涵，国人的情绪记忆常常会因为“乒乓外交”被勾起。详细地说，情绪记忆是指人们时常提及的情感记忆，换句话说就是人们借助感受情绪或情感的发生与内容，并且使其内化成记忆的过程。在特定的时间和情绪状态下，激发人们的深层次体验且形成激烈情绪与情感时，人们会把参照物设定成特定情景，把情景和事件对应起来。在此之后，特定情景产生以后，其附带的情绪往往会不自觉产生，同时演变成今后的精神支持。对于个体意识和个体行为来说，情绪记忆产生的影响更深，即便人们已经遗忘某些情景，但人们的记忆深处依旧印刻着一些情绪。因此，此类情绪记忆凝结在特定的时间段与特定运动上，同时可以把此类影响深刻的情绪记忆叫作“情结”。国球情结是乒乓球运动精神层面的一项关键组成部分。

（二）非金牌即失败的金牌情结

中华人民共和国成立之后，在1959年的第25届世界乒乓球锦标赛上，我国乒乓球运动员容国团夺得中华人民共和国第一个世界冠军，中国人的名字第一次被刻在圣勃莱德杯上。截至1959年，中华人民共和国经过十年的发展，各项事业均在积极与世界接轨，我国在国际体坛的影响力不断提升，对国人形成民族自信心有很大作用，所以说容国团在1959年获得这枚金牌是“金牌情结”的开始。1959年以后，我国乒乓球运动取得了很多发展成果。

从1988年乒乓球运动被列入奥运会项目以后，我国乒乓球运动员获得了绝大多数金牌，中国乒乓球队曾4次实现世乒赛5个单项冠亚军的包揽，7次实现了5个单项冠军的包揽，德国、瑞典、丹麦等老牌欧洲强队逐渐衰落，亚洲强队韩国、日本、新加坡等虽实力不凡，但也无法与中国队相比拟。举国体制、半军事化的训练与管理体制、高水平的教练员与运动员队伍、创新思维、一流的技术与对国际乒联改革的迅速适应能力，协力打造出优秀的中国乒乓球队。

我国乒乓球运动犹如一个成绩良好的孩子，其所交的每份答卷都是值得骄傲的，所以中华儿女已经习惯中国乒乓球运动的巅峰状态，偶尔出现失误就会出现特别明显的紧张情绪，“金牌情结”使得我国乒乓球运动尽可能始终占据冠军位置，偶尔获得亚军都会十分紧张。“金牌情结”已经发展成乒乓球运动精神文化层面的问题，也发展成国民意识形态与思维层面针对乒乓球运动而表现出的问题。深入探究乒乓球运动的精神文化，严禁剥离隐蔽在正能量背后的意识形态，相反需要立足于多个角度来全面认识乒乓球运动的精神文化。一直以来，竞技体育均不存在定数，竞技体育拥有巨大魅力的原因是其具备不确定性，因而不存在一个团队或国家可以始终站在特定运动项目的巅峰上。然而，国人对乒乓球运动提出了很高的要求，中国乒乓球队没有获得金牌和冠军，国人就会表现出不满意的情绪，新闻报道能够充分说明国人的金牌情结。

例如，“意外丢金”“受挫”等词汇都反映了国人对非冠军无法接受的情绪。以釜山亚运会为例，这次乒乓球竞赛画上句号之后，国人与很多媒体纷纷表现出挫败情绪，但事实是我国乒乓球运动员夺得了三枚金牌。面对该成绩，已经习惯我国乒乓球运动员包揽各项金牌的国人纷纷抗拒这个事实，很多新闻报道中都出现了兵败釜山的词语。在此之后，还出现过很多因金牌情结造成的大规模“失利感”。在金牌情结的影响下，乒乓球运动的银牌与亚军好像是不存在的，我国乒乓球运动员未能获得金牌就好像失去整个比赛，未能获得金牌的乒乓球运动员也会因为国人的金牌情结而消沉。中国乒乓球运动的“金牌情结”波及国人、媒体、舆论界，同时包含乒乓球运动员与教练员，是构成乒乓球运动精神文化的一项关键组成部分。

（三）针对非均衡发展的“大乒乓球观”

“大乒乓球观”是指舍弃利益得失于国界，不以获得乒乓球运动赛事冠军和垄断乒乓球运动为目标的乒乓球运动可持续发展观念。“大乒乓球观”就是乒乓球运动的领导者、管理者、决策者将乒乓球运动项目的发展定位成第一要义，把乒乓球运动在世界各国内的全面发展与乒乓球运动在世界各国的大范围推广当成己任，由此推动乒乓球运动发展的有效措施。这种“大乒乓球观”和现阶段“世界公民”的想法更加契合，同时拥有“类意识”的乒乓球运动发展观念。乒乓球运动属于体育文明发展过程中的关键性球类运动项目之一。乒乓球运动的弘扬与发展是把它当成国球的国人需要承担的责任。“乒乓球国际推广计划”是国乒领导者在乒乓球运动不均衡现象严重的情况下作出的反映“大乒乓球观”的关键决策。

乒乓球运动发展失衡是建立“大乒乓球观”的重要基础。19 世纪末期，乒乓球运动在欧洲诞生，随后流传至日本并陆续传到亚洲的其他国家。日本在乒乓球发展过程中发挥了很大的促进作用，尤其是大大推进了亚洲乒乓球运动的器材改革进程与技术发展进程。除此之外，亚洲是目前乒乓球运动发展的核心区域，亚洲的很多国家对乒乓球运动发展做出了很大贡献。尽管乒乓球在亚洲呈现出了可喜的发展走向，但欧洲战场的萧条值得高度重视，欧洲战场萧条使得世界乒乓球运动竞赛格局的不均衡问题越来越突出。

虽然我国乒乓球运动在发展过程中获得了很多金牌，但乒乓球运动的非均衡态势是一种危机符号。尽管非均衡可能演变成均衡发展的创造条件，但倘若产生极度的非均衡，则会严重影响乒乓球运动的意义、受众、社会功能等多个方面。此外，严重失衡会使乒乓球运动的灵魂随之磨灭，最终不得不退出历史舞台。现阶段，乒乓球运动是不是可以继续作为奥运项目已经成为国际奥委会的争议性问题，悬而未决在乒乓球发展过程中体现得越来越显著。目前，亚洲国家绝对强势和欧洲国家日益萧条之间的非均衡已经是世界乒乓球运动发展中必须及时处理的伤痛。源自欧洲国家的乒乓球运动能够在亚洲国家获得全面发展，这背后的原因需要深入挖掘。不只是物质层面与制度层面的原因需要剖析，乒乓球文化在精神层面的发展与具体影响同样应该高度重视。乒乓球文化的精神层面是潜在的隐性因素。

在非均衡发展尤为严重的情况下，"大乒乓球观"最终成功树立并得到充分体现。我国乒乓球的"国球"地位反映在各个方面。受举国体制的影响，我国借助各个领域的力量来发展乒乓球，充分发挥政府主导作用、深入挖掘体育系统的主体作用、高效整合利用体育资源和全国资源，自觉开发各方面的潜力并对各个机构进行及时优化，最终取得了预期成绩，使中国乒乓球在世界乒坛占据了重要位置。然而，在我国乒乓球运动获得可喜发展成效的情况下，综合分析当今乒乓球运动发展格局的非均衡现状，对乒乓球运动引以为豪的我国相关人士并未继续实施"孤傲的乒乓保卫战"，相反越来越深刻地认识到这项运动已经存在发展危机，我国一家独大的现状并不能说明世界乒乓球运动的良好发展态势，反而说明世界乒乓球运动发展不平衡的问题需要解决。这不单单是思想意识有所进步，也间接体现了特定时代背景下乒乓球运动精神文化持续发展的产物。2009 年 3 月，蔡振华提出"乒乓球国际推广计划"（"养狼计划"）。"乒乓球国际推广计划"的精神实质获得国际乒联以及国内很多和乒乓球运动存在密切联系的人的肯定。实施乒乓球推广计划不但充分彰显了体育精神中的"体育无国界"，而且体现了孟子提倡的"独乐乐不如众乐乐"的儒家思想，这是一种具有代表性地把乒乓球运动可持续发展定位成要义的"大乒乓球观"。"乒乓球国际推广计划"立足于宏观角度来加以把握，常见手段是"走出去、请进来"，带动更多乒乓球教练员与运动员走出国门进行交流，或者带动外国乒乓球运动员前往中国参与训练，向外国乒乓球运动员提供应有的帮助，使他们和中国选手的差距不断缩小。

由于乒乓球是我国的"国球"，所以我国人民已经基本形成对这项运动的“大体观念”。受“国球情结”和“金牌情结”的影响，人们对“乒乓球国际推广计划”存在很多种看法，社会舆论对这项计划有很多种反应。一些已经产生“类意识”的国民表达了支持的观点，他们认为该计划的本质是我国为推动乒乓球运动稳步发展主动作牺牲，把体育无国界精神表现得淋漓尽致，是“大乒乓球观”的全方位体现，全面推广与落实该计划的意义很大；一些“种意识”强烈的人发出反对的声音，指出中国乒乓球运动称霸世界彰显了中国实力，进一步证实乒乓球运动是中国优势项目，实施该计划会动摇我国乒乓球运动的“统治者”地位，会对该运动的国球形象产生负面作用；还有一些人指出，“养狼计划”作为该计划的另外一个名称对他们内心产生了巨大的冲击，认为实施该项计划将会后患无穷。

提出“养狼计划”并非一个口号，在国际乒联的肯定和鼓励下，中国乒联联合多方力量竭尽全力推进“养狼计划”的实施，在行为和思想意识等方面均发生了很多改变。例如，在基础设施良好的广州率先实施“养狼计划”，同时设立了“国际乒联乒乓球国际培训中心”。2009年6月，前国际乒联主席沙拉拉在上海观看完“中国VS世界乒乓球挑战赛”后，第一时间前往广州完成了“国际乒联乒乓球国际培训中心”的选址考察工作，同时敲定国际乒联亚太总部落户广州。“国际乒联乒乓球国际培训中心”是全世界第一个乒乓球国际培训中心，这项举动和“乒乓球国际推广计划”的初衷是一致的。与此同时，沙拉拉表示“乒乓球国际推广计划”由中国乒协提出，就交由中国乒协全权处理，国际乒联对“乒乓球国际推广计划”表示肯定并大力支持。再如，伦敦奥运会结束后，乒乓球女单第四名的日本选手石川佳纯前往我国磨炼球技。相似的事例还有很多，出现这些事件的主要原因就是我国的“大乒乓球观”在发挥作用，这是立足行动对乒乓球运动文化的大力推广。就行动方面而言，中国乒协已经立足多个视角进行努力，各方面努力的终极目标是想要借助这些沟通与协作，和其他协会国携手提高乒乓球运动的整体水平，从根本上提升乒乓球运动的对抗性与观赏性，促使乒乓球运动文化更加充实，推动乒乓球运动的精神文化对更多人产生影响。

提出“乒乓球国际推广计划”彰显了我国为通过乒乓球运动文化传播以提升文化自信而积极努力的过程，由于其提出时间短且实施周期长，因而不可以用几年时间的发展成果来评判这项计划的总体成效。不管是输出乒乓球文化和乒乓球技术，还是选拔和培养国外乒乓球运动员，都要经历较长时间，都需要经历一个复杂的过程。想要凭借单个计划、单个制度或者单个理念从根本上解决乒乓球运动在发展过程中出现的问题，确确实实存在很大的难度。针对“乒乓球国际推广计划”来说，我们应当把更多注意力放在提出该理念背后的精神文化上，舍弃金牌、冠军、锦标的乒乓球运动理念对于那些把毕生精力都花费在乒乓球运动上的人来说，确确实实是精神上的开放和进步。

“乒乓球国际推广计划”的根本目标是把乒乓球运动推广到更大的范围，促使乒乓球运动在世界各国获得均衡发展，这里所说的发展并非只局限于中国。当前，越来越多人已经可以正视乒乓球运动的发展现状，同时对“大乒乓球观”逐步接受，更多人站在运动项目发展的角度来深入认识和剖析乒乓球运动的发展趋势。理念方面的进步可以理解成乒乓球运动跳出“国球”身份的怪圈，是文化和观念两个层面的进步。由此可见，“乒乓球国际推广计划”彰显出的“大乒乓球观”是乒乓球运动精神文化层面需要深层次挖掘与剖析的价值观念。

三、乒乓球制度文化的发展

（一）乒乓球运动行政管理体制的发展

和实际国情相适应的体育管理体制是国家体育事业发展的关键性基础。举国体制是我国体育运动项目管理体制中的一项重要内容。简单来说，举国体制就是把国家利益当成最终目标，发挥全国的力量来号召、动员、调配物力、人力、财力，从而顺利解决大问题的思路与手段。对于体育运动来说，举国体制就是把获得国际大型赛事冠军当成最终目标，由国家协调有关部门来动员、调动、调配不同类型的资源，通过投入人力、物力、财力来获得赛事优异成绩的一种工作运行体系与管理机制。举国体制对中华人民共和国成立初期体育事业的发展贡献了很大力量，为我国从体育大国迈向体育强国发挥了基础性作用。人们对举国体制有了越来越深入的认识，甚至出现部分人质疑举国体制的现象，但举国体制获得的成绩是不容忽视的。举国体制是时代产物，虽然举国体制获得了很多成果，但并非万能的，举国体制并不能解决所有时期的体育问题，但对举国体制的成就应当持肯定态度。我国乒乓球运动就是在举国体制的保障下才获得当前的成就。

纵观我国乒乓球运动的发展历程可以发现，乒乓球运动管理体制的转变过程也是积极适应社会发展的结果，是社会主义市场经济下的产物。在社会宏观环境与经济环境发生多种变化时，运动项目管理体制是运动项目适应社会发展情况并主动完成更新过程的一种有效途径，体现了运动项目贯彻与时俱进、以人为本的管理理念。

1. 举国体制

乒乓球运动在中华人民共和国成立初期就获得了十分突出的成绩。我国首个世界冠军同样出自乒乓球运动，首个世界冠军的夺得随之打开了我国走向世界的大门，犹如一面旗帜指引我国体育事业逐步从低谷走向巅峰。乒乓球运动成为我国的“国球”，并为我国增强民族自尊贡献很大的力量，不只是因为我国乒乓球运动员和教练员的不懈奋斗和为国争光的精神，体制方面的保障同样发挥了不容忽视的作用。举国体制为我国乒乓球运动提供了制度保障，同时凭借全国力量发展体育运动的号召使乒乓球运动获得了很大的实惠。在举国体制的制度保障、物质投资以及人才的培养下，中国的乒乓球运动队顺利组建，这为我国培养综合素质高的乒乓球运动员、教练员以及储备乒乓球人才打下了稳固基础。

1949 年，尽管中国已经是一个独立民族，但国际地位较低，独立的“国格”已经形成，独立的“人格”还没有形成。在那个时期，我国在国际社会的声誉偏低，国际事务的参与度偏低。为了可以在竞技体育中找到突破点并提升我国在国际社会中的知名度，我国成立了中华全国体育总会筹备委员会，同时在 1951 年颁布了《国家体育选手条例》，选定了足球、篮球、排球的国家队队员，开始逐步成立各个运动项目的国家队。1952 年，由 19 名优秀乒乓球运动员组成的乒乓球国家队建立，并开始在举国体制的保障下进行乒乓球运动训练和比赛。1958 年，原国家体委颁布《体育运动十年规划》，规划中要求我国体育运动一定要在十年内赶上世界水平，在竞技体育国际比赛中获得优异成绩，同时把乒乓球运动设定为重点培育项目。1959 年，在全员努力之下中国乒乓球队实现了规划中的目标，容国团夺得了中国的第一个世界冠军——乒乓球世界锦标赛冠军。获得这项冠军对我国竞技体育具有很大的激励作用，同时正式打开了我国乒乓球运动鼎立世界的篇章。1963 年，原国家体委印发了《关于试行运动队伍工作条例(草案)的通知》，1964 年颁布了《运动队思想政治工作条例(试行草案)》。颁布这些条例不只为我国竞技体育的发展提供了制度保障,同时为我国乒乓球运动的发展提供了有利的制度环境(表 2–3)。

表 2–3　中华人民共和国成立之初的相关体育条例

时间	名称	单位
1951 年	《国家体育选手条例》	中华全国体育总会筹备委员会
1958 年	《体育运动十年规划》	原国家体委
1963 年	《关于试行运动队伍工作条例(草案)的通知》	原国家体委
1964 年	《运动队思想政治工作条理(试行草案)》	原国家体委

在计划经济体制下,国家承担着统一管理国家队相关工作以及比赛训练的职责,由于举国体制依旧在产生正面影响,因而专业队的组织形式一直被沿用。在专业队逐步发展的过程中,乒乓球队背后的财政支持体系、后备人才培养、科研团队均呈现出了日益成熟的趋势。伴随着我国乒乓球运动员频繁获得优异成绩,接受和肯定举国体制的人在不断增加,此外乒乓球国家队的良好发展演变成为举国体制下的一个重要典范。举国体制在该阶段全部的体制制度中发挥着关键性作用,这个阶段的制度文化是高度集约、统一管理的文化,目标、形式、渠道等层面都在运用"集中力量办大事"的思维模式。形成举国体制与社会发展的总体环境存在很大关系,中华人民共和国成立初期急需彰显自身强大,面对人力、物力、财力等方面相对不足的情况,只有计划与集约化能够促进我国乒乓球运动成绩有所突破。

1952 年 11 月,国家体育运动委员会成立,我国竞技体育管理工作彻底被纳入"一体化"的管理体制中,面对国内大型体育赛事与国际大型体育赛事时,全国各个地区选调在体育方面有特长的学生和职工等组成市队、省队,并进一步代表国家参与训练与比赛。1956 年,在国家体委统一组织与管理下相继成立市级体工队和省级体工队,同时建立了培养高水平竞技体育运动员的基层组织。1961 年,北京顺利承办我国体育史上首个世界锦标赛,即第 26 届世界乒乓球锦标赛。我国为在第 26 届世界乒乓球锦标赛中取得理想成绩,从全国青少年乒乓球比赛与第 1 届全国运动会选手中选拔 170 多名乒乓球运动员,同时组织他们在北京、上海、广州参与集训。根据集训成绩来组建针对世乒赛的国家集训队,举国体制在选拔和培养乒乓球运动员的过程中起到了重要作用。1961 年 4 月 9 日,中国乒乓球队在北京第一次获得世界男子团体冠军,随后获得女团亚军和男女单打冠军的优异成绩,在全国产生了很大的影响。乒乓球运动在举国体制下的迅猛发展充分证明了举国体制的突出作用,在举国体制的保障下发挥全国力量完成组织、规划、集训的手段获得人们的认可。这种社会认同和统一管理不但是我国乒乓球运动取得胜利的关键性制度因素,而且是我国乒乓球运动的一项体制特征。1963 年到 1965 年,中国乒乓球运动训练慢慢形成“基层业余体校—重点业余体校—专业运动队”的三级训练网络,同时在 1980 年开始对国家乒乓球专业队、乒乓球业余体育训练学校和学校自有乒乓球运动队实施统一调配、分级管理的策略,一线、二线、三线人才梯队得以产生。阶梯形人才梯队演变成我国乒乓球运动维持持久生命力的重要基础,为培养乒乓球运动后备人才提供了制度保障。

2. 双轨制

在社会快速进步和市场经济快速发展的背景下,计划经济管理体制表现出的不足日益突出,经济体育改革正在慢慢成为一个发展走向。体育事业在社会事业中发挥着尤为重要的作用,在投入资金、组建队伍、培育人才、制定训练规则和竞赛规则等方面都必须通过社会经济体制改革来落实具体的改革措施。过去凭借计划经济体制,着眼于一个层面依靠国家与依靠行政管理体制的“集中办体育”理念和时代要求的相符程度在不断下降。在 1994 年 8 月 15 日到 18 日召开的“全国乒乓球工作会议”上,“双轨制”被引入乒乓球管理体制改革中。我国乒乓球运动从举国体制走向了双轨制,乒乓球职业俱乐部随之产生。具体来说,双轨制从根本上说就是一种认可国家队和俱乐部都存在的管理体制,此前国家队集中管理和职业俱乐部管理是对立关系,双轨制完全消除了两者间的对立关系,使得两者都成为“合理的存在”,一方面大力支持企业和个人创办乒乓球俱乐部,另一方面明确提出新体制没有取得成功经验前严禁破坏过去的体制,使得国家与社会成为促进乒乓球运动发展的力量。

我国乒乓球俱乐部联赛的形成时间是 1995 年,为向乒乓球俱乐部联赛的举办提供可行性依据,中国乒协于次年颁布了俱乐部联赛的保障制度——《中国乒乓球协会俱乐部章程》。1998 年,“红双喜中国乒乓球俱乐部甲级联赛”被成功推出,同时乒乓球俱乐部联赛的主客场形式得以产生,我国乒乓球俱乐部联赛框架初步产生。1999 年,为达到联赛层次的目标,国家体育总局乒羽中心把联赛划分成超级、甲 A、甲 B 三个级别,同时增添了 4 支参赛队伍,尝试在联赛成绩和全运会成绩之间构建联系,这些政策的提出不只是初步形成了我国乒乓球职业化发展的大体制度框架,同时有效推进了我国乒乓球职业化发展进程。俱乐部不但是改革和发展乒乓球超级联赛的重要载体,而且是超级联赛发展水平的决定性因素。就现阶段来说,当前我国存在的三种超级俱乐部联赛形式分别是由企业所投资的俱乐部、由企业自己组建的俱乐部和介于这两者之间的俱乐部(有专人投资、专人运作、自筹运动员)。经过很多年的经验积累与持续改进,我国俱乐部联赛正在逐步朝正规化方向发展,不断提升的联赛水平与俱乐部建设水平都提出俱乐部评价标准不可以只针对成绩。结合俱乐部组织形式和内部建设水平制定切实可行的制度,是中国乒乓球超级联赛由中国走向世界的一项重要工作。足球是踏上职业化道路时间最早的运动项目,所以乒乓球俱乐部应当积极借鉴足球俱乐部联赛开展中的各类经验,乒乓球管理者一定要高度重视政府在俱乐部联赛基础建设和市场化过程中充当的重要角色。党的十七大报告着重指出了社会组织建设的独立性问题,积极倡导实施“自治”,而并非依托政府职能部门。分析乒乓球超级联赛的运行情况可知,其应当介于全国运动会与全国锦标赛中间且独立运转,同时构建相对独立的运行保障机制,推动超级联赛在单个“自组织”环境中持续完成自我完善和更新,促使双轨制的权力和责任之间的界限更加明确,彻底面向市场,坚定不移地走市场化道路。在双轨制管理体制下,运动员扮演着双重身份,不但能代表省市队参与全国运动会和全国锦标赛,而且能代表俱乐部参与俱乐部联赛和社会性商业比赛。

分析乒乓球运动的制度选择可以发现,双轨制集机会与挑战于一身。双轨制是在市场经济影响下逐步产生的制度,其和运动项目过渡到职业化方向的整体目标十分吻合,这不仅使得政府经济压力有所减轻,还在管理层面上承担了政府的一部分责任。在“双轨制”下,运动员职业化发展的目标不断实现,这里所说的职业化依然是“体制内的职业化”,依然是处于这种状态的职业化走向。“双轨制”不仅比较适应我国当前的经济发展情况,也比较适合我国乒乓球运动的发展情况,还是乒乓球运动项目制度文化建设的印记。

3. 从举国体制向双轨制的过渡

在乒乓球运动管理的具体运行中，虽然双轨制确确实实存在很多问题，但“双轨”思想是社会文化积极向多个方向不断发展的结果，指出国家并非唯一可供运动项目发展依托的庇护者，国家与地方充分融合是运动项目发展的一条崭新途径。举国体制下的专业队和双轨制下的俱乐部是相互依托的关系，虽然和举国体制下的专业队比较后会发现俱乐部存在很多缺陷，但双轨制下的俱乐部产生于市场经济背景下，已经逐步形成了职业化的大体形态，同时正在循序渐进地迈向规范化。

从举国体制过渡到双轨制的行政管理体制和社会发展规律吻合，在改革计划性国家行政管理体制后，把运动项目一部分推向市场是时代的选择。此类选择背后反映出的制度文化包容性与适应性最为明显，其不仅和时代发展需求吻合，同时是尊重市场选择的结果。双轨制不但没有否认举国体制下的专业队管理体制，而且没有排斥市场主导下的俱乐部发展模式，相反是将两者充分融合在一起，扬长避短，不仅和社会发展的具体情况相吻合，也和我国体育项目管理的具体情况相吻合，应当说是一种科学的管理体制（表 2-4）。

表 2-4　举国体制下的专业队和双轨制下的乒乓球俱乐部主要特征对比表

类别	举国体制下的专业队	双轨制下的乒乓球俱乐部
所有者	体委、部队	企业独有、体委或部队与企业共有
目标	追求社会效益，为国争光	追求社会效益，提高企业知名度，追求经济效益，最大限度地挽留国内乒乓球人
组织机构	体委—体工队—主教练	董事会—经理—主教练
经营手段	无	围绕比赛进行部分经营
能否自负盈亏	否	否
是否为独立的法人实体	否	否（山东鲁能、陕西银河除外）
运动员收入	较低收入	高收入
运动员流动	不能自行流动	部分运动员可以进入市场进行流动
后备力量来源	依靠国家培养	由国家和社会共同培养
资金来源	完全依靠国家提供	国家和社会共同提供
对球迷的培养	不关注	不太关注

续表

类别	举国体制下的专业队	双轨制下的乒乓球俱乐部
人才外流现象	很严重	根本性地得以缓解
国内乒乓球市场	无	有

（二）乒乓球运动员人才选拔制度的发展

中国乒乓球运动始终占据世界乒坛的领先地位，和我国切实可行的后备人才培养理念以及选拔制度存在不可分割的联系。为构建科学的梯队人才培养制度，运用科学决策手段达到后备人才培养的目标，我国乒乓球运动的管理者们先后制定了和我国乒乓球运动发展状况相吻合的人才选拔与培养政策，颁布了《关于加强运动员科学选材工作的意见》，对我国踏上健康而持续发展的乒乓球运动后备人才培养道路发挥了很大的指引作用。经过坚持不懈的努力，培养我国乒乓球运动员的过程中越来越重视递进式的、自下而上的人才生产线，借助"三级训练网络"形成乒乓球"三级人才选拔制度"，从而为科学选材打下稳固基础。在科学选材和竞赛制度有机融合的过程中，构建与丰富选材指标体系，不仅把竞赛的刺激作用发挥得淋漓尽致，还要立足于生理学角度来合理选择在乒乓球方面发展空间大的高水平人才。一方面要重视人才选拔，另一方面要严格遵循市场发展规律，从而构建少年儿童的基层竞训网络，同时加大对教练员的培训力度，从而为后备人才培养的人力投入提供保障。

为了保证在选材过程中发掘所有有发展潜力的运动员，我国成立了"运动员科学选材中心组"，通过课题的方式向我国各省市普及合理选材的方式，同时在资源整合的基础上制定了乒乓球等重点项目的选材测试与综合评价标准，运动选材数据库制度、定期追踪测试制度等相继制定。中国乒协每年都会组织由国家队和省市优秀运动队教练组成的专家组，深入我国各地区进行检查指导并收集相关信息，为中国乒协制定人才选拔政策打下了良好的理论基础。就现阶段来说，我国乒乓球队从下向上的梯队建设合理，金字塔式的人才培养与选拔体制在各个方面都在严格把关，通过多种方式避免忽略掉发展空间大的运动员，借助层层选拔的方式为乒乓球运动注入巨大活力。基础选材、初级选材、中级选材、高级选材是我国乒乓球运动员的常见选材层次。

当运动员所处的发展阶段不同时，采用科学选材方法所遵循的依据也存在很大差异。就初级选材阶段而言，一般遵循的依据是先天遗传因素，因为先天遗传因素难以控制，所以参与测试工作和观察工作的科研人员必须具有丰富经验。在初级选材阶段，主要看少儿是不是对乒乓球运动感兴趣、少儿对乒乓球运动是不是有亲近感、少儿被乒乓球运动吸引的具体时长。从初级阶段选拔过渡到初级阶段训练后，主要参考的因素包括注意力的集中时长、手臂对球的控制能力、对球弹性的认知情况和掌握能力。基础训练完成后，逐步过渡到中级层次的人才选拔，该阶段人才选拔必须把先天与后天两方面的因素融合在一起。运动员需要把多方面因素都考虑在内。中级阶段比基础阶段提升了一个档次，不光要求运动员拥有运动天赋，也要对训练手段与心理疏导方式进行科学应用。运动员顺利通过中级训练层次的选拔后，会随之进入级别较高的训练层次，这个阶段的后天因素发挥着极为关键的作用，训练方法、乒乓球运动认知情况等多项因素都会对高水平运动员产生极为重要的作用。

站在全局的角度展开分析，基础选材与初级选材均属于选材的基础层次，最终目的是初步选拔发展空间大的运动人才，中级选材与高级选材标志着正式过渡至较高层次，最关键的目标是将发展空间大的运动人才选拔出来、实施专业化程度高的训练。“三级训练网络”所对应的“三级人才选拔网络”保证了我国乒乓球人才选拔机制可以相对稳步地发展。受地方队、专业队、业余队三者之间递进关系的影响，乒乓球运动人才输送通道朝着越来越通畅的方向发展，各层次之间形成了密切衔接的关系。

中国乒协为培养乒乓球运动后备人才，倾注了大量的财力、物力、人力，在把经验积累摆在突出位置的情况下，高度重视对科学选材理论与科学仪器的运用。国家承担统一制定青少年业余体校教学大纲和训练大纲的责任，由此科学指导业余体校的训练工作。从生理、心理、年龄、骨龄、身体外部形态、专项技能等多重视角高效完成运动选材指标体系的构建工作，对选材工作的各个环节发挥指导作用。我国乒乓球运动成绩优异和我国当前相对合理的人才选拔制度存在很大的关系。换句话说就是，切实有效的选材为培养优秀运动员奠定了良好基础。采用合理方式来完成技能训练工作、跟踪测评工作、预测分析工作以及挑选淘汰工作，可以推动我国运动员选材形成一条良好的“人才生产线”。

第三章

竞技乒乓球运动的高水平发展

竞技乒乓球运动是我国竞技体育事业中最重要的运动项目之一，在国际上一直处于绝对领先的位置，这与国家对乒乓球发展的重视，以及全国人民对乒乓球具有深厚的情感有直接关系。我国竞技乒乓球运动能够保持高水平发展的原因有很多，其中除了举国上下对乒乓球运动的重视之外，还有很多因素也是非常重要和必要的。本章将从竞技乒乓制胜之道、竞技乒乓球科学训练、乒乓球运动员竞技能力的提升、乒乓球运动队训练基地建设研究、规则变化对乒乓球比赛技战术发展的影响，以及乒乓球赛事引入鹰眼系统的研究几个方面分别展开详细的分析。

第一节　竞技乒乓球制胜之道

一、制胜体系的概念界定

体系是由诸多相关事物或者某些意识进行相互联系所构成的一个整体。从系统科学理论研究来看，所有的事物都能够作为系统而得以存在，对任何对象进行研究和处理时，都要将其视为一个“系统”来看待，从整体的层面对问题加以考虑。《竞技体育学》认为，人物并重，夺标育人，科学同人文的有机整合是竞技的本质。通过上述观点可知，我国的乒乓球制胜体系可以被视为一个系统，而其作为一个竞技体育项目，之所以能够长盛不衰，这主要是夺标育人及科学与人文相互融合的最终结果。

由此可见，对于我国乒乓球制胜体系，可以将其理解为，它是介入乒乓球竞技制胜系统中的全部因素的总和，是科学与人文相互融合的总和制胜系统，其内容主要包括制胜思想、制胜原理、制胜决策以及制胜实践。要想对乒乓球制胜体系进行更好的分析和研究，就需要确立两个思想，分别是系统性思想和层次性思想。

（一）系统性思想

作为一个整体，制胜体系是由诸多要素共同组成，这些要素相互作用、相互联系，按照一定的方式构成了一个系统的整体。这就要求我们要将制胜体系中的得失看成是一个系统行为的综合，需要在系统思想的科学指导下对问题进行分析。

（二）层次性思想

制胜体系的诸多构成要素也是由很多更小的要素组成的，它们组成了一个子系统，这便形成了一个具有多层次的复杂的结构。在制胜体系中，任何一个子系统和要素都有自己所处的层次，在整个运转中处在不同的位置。

二、制胜体系的结构图和层次图

从系统性思想来看，我国乒乓球制胜体系的整体结构可以通过图3–1体现出来。

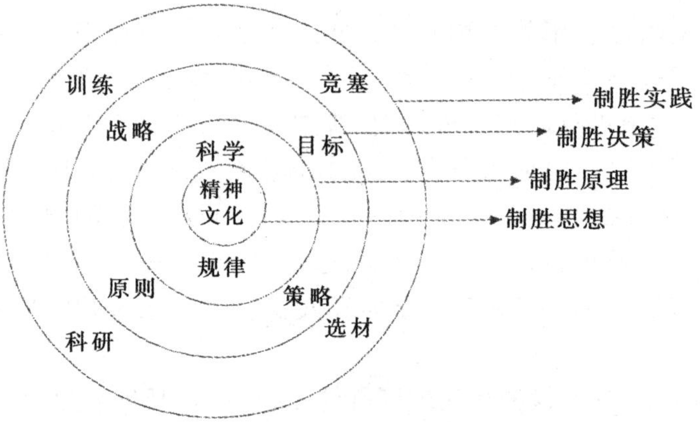

图 3–1　制胜体系结构图①

从制胜体系结构图来看，这是一个非常庞大、复杂的系统，它从构成到运行都离不开制胜思想、原理、决策以及实践这四个要素。

制胜思想，是乒乓球运动中具有人文思想的精神文化，是乒乓球制胜体系的灵魂与核心，它对其他各层次的运行起着指导作用。

制胜原理，就是指对乒乓球运动中基本规律的科学认识。在乒乓球运动中，这些基本规律不容易被观察到，但又必须时刻对这些基本原理予以遵循，它是乒乓球运动制胜决策以及制胜实践所必须遵循的重要准则。

制胜决策，是对乒乓球运动竞技策略的科学抉择，它主要包括战略方针、战略目标、战略策略、战略政策、战略原则等的抉择和制定，它是对制胜实践加以实施的重要依据。

制胜实践，是乒乓球运动竞技操作、实践的行为，是人们容易认识、

① 肖涛，孔祥宁，王晨宇．运动训练学[M]．重庆：重庆大学出版社，2016.

发现以及观察到的选材、训练、比赛、情报、科研等实践活动。

从层次性思想来看，我国乒乓球运动制胜体系中的制胜思想、原理、决策以及实践可以形成相互对应的四个层面，如图 3–2 所示。

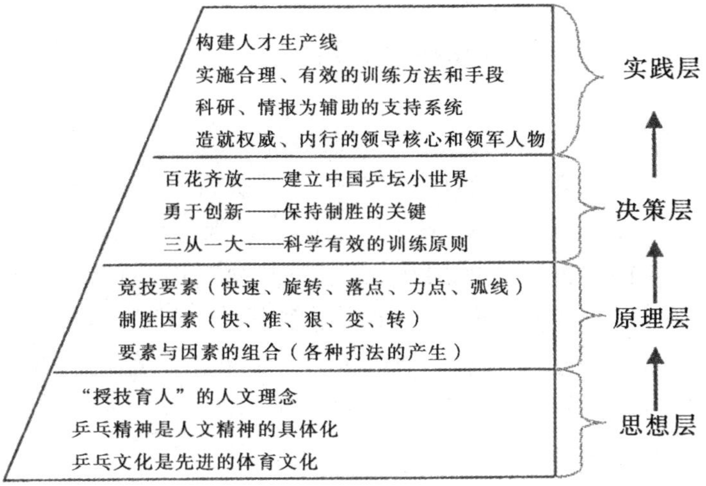

图 3–2　制胜体系的层次图①

根据制胜体系层次图可知，其整个体系层次在运行时的顺序依次为，树立竞技思想（制胜思想）、科学认识制胜规律（制胜原理）、根据科学规律作出相应的策略抉择（制胜决策）、在具体实践中对决策进行贯彻（制胜实践）。各个层次都是由诸多的要素共同构成的，又可以构成各自的子系统。

三、制胜体系是“育人夺标”的体现

育人夺标，科学同人文相融合是竞技的本质所在。根据竞技的冰山学说可知，在水下冰山的隐性部分（育人）对水面以上冰山的显性部分（夺标）具有非常重要的支持价值。水面以上的显性部分能够保持稳固，能够得以持续的存在以及发展，这主要是由水面以下冰山的隐性部分决定的。夺标和育人并不是两个相互独立的过程，缺少任何一个都是不行的。如果将夺标作为最终的目标，而不将育人作为载体，那就是“重物轻人”，这就必然会导致竞技运动过程中人性失落、主体迷失、返璞无法

① 肖涛，孔祥宁，王晨宇．运动训练学 [M]. 重庆：重庆大学出版社，2016.

归真,只能是“昙花一现”,短期制胜;反之,如果不能将育人融入夺标的过程之中,那么其作用也就很难发挥出来。

相关实践也进一步表明,缺少高水平的育人,那么也就很难有高水平的夺标;如果具有高水平的夺标,但缺少高水平的育人,同样也很难得到可持续发展。育人和夺标都是非常重要的,他们是一个整体,也是人物并重。

根据上述推断,并结合我国乒乓球制胜体系的层次和结构进行宏观分析,其思想层是水面以下的层次,归属于人文育人层,对竞技的本质进行解释,对其方向加以把握,对运动员的思想观念加以培养。其决策层、原理层是冰山水面以上的层次,属于竞技夺标层,对制胜规律的科学体系加以解释,两者的融合是从实践层中得以体现的。所以,对我国乒乓球运动几十年来长盛不衰的原因进行解读可知,“育人夺标”“人物并重”至关重要,夺标和育人都是处在高水平的。

四、制胜原理

(一)竞技要素分析

乒乓球比赛就是通过一板一板的击球组合而成的。在每一板球中都包含着一定的速度、弧线、力量、旋转和落点,这些要素都能够进行严格的量化。这五个物理要素可以并称“乒乓球竞技要素”。

以上这五个要素是相互制约、相互联系、相互促进的。在对准确性予以保证的前提下,速度快能够更好地促使力量得到发挥,力量大能够进一步使球的速度加快。加强球的旋转能够对速度以及力量的发挥产生积极作用,而速度以及力量的提高既能够使球的旋转增强,同时又能够限制旋转的威力。在乒乓球比赛中,通过打出好的落点球能够使对方被迫移动,使对方难以从容地发挥出自身的力量、速度,从而使自己击球的难度大幅减小,促使击球的准确性得以提高,这也就是我们通常所说的球性。对于上述五个乒乓球竞技要素来说,谁所具备的能力越强,掌握的要素越全面,那么他的乒乓球技术实力也就会越雄厚,在乒乓球比赛中便能够打出高质量的球,对对手造成足够大的威胁。

（二）制胜因素分析

制胜因素就是在上述五个物理竞技要素的经验基础上所抽象出来的概念，也是对事物本质的认识。通过进行多年的实践研究，我国乒乓球运动员、教练员以及科研人员共同总结出了乒乓球项目的制胜因素，即“快”“准”“狠”“变”“转”。

作为一个相对的概念，制胜因素具有非常丰富的内涵，包含了智慧和技术成分。比如制胜因素中的“快”字与竞技要素中“速度”的概念既有联系又有区别。作为一个相对的概念，快是一个主体状态的感觉经验。

从特定含义上来说，现代乒乓球运动的发展就是一个提高制胜因素的单个水平及它们之间组合水平的过程。也就是说，制胜因素会对乒乓球运动发展的本质特点产生影响。

在制胜因素中，“快”是首要因素。“快速多变”是乒乓球运动的一大特点。在乒乓球比赛中，对于快速进攻的描述，人们常用“疾如流星”“快如闪电”来形容。“疾如流星”，是说球向前飞进的速度快。“快如闪电”，是说击球的间隙非常短，一板紧逼一板。其目的主要是促使快速进攻的威力得以充分发挥出来，以造成对方在接球时措手不及。不过，球向前飞进的速度主要是通过大力击球来实现的，但击球的间隙非常短，并且要求击球者要在球的上升期或高点期前段完成击球，然而这一时期的来球通常都是比较低的，这对进行大力击球是非常不利的。所以，为了能够保证击球的准确性，常常会对两个速度因素予以兼顾。我国有很多冠军选手都是近台快攻打法的技术风格，这种技术风格也是将“快”放在首要位置。

在制胜因素中，“狠”是基础因素。在乒乓球运动中，它主要借助击高速旋转的球所产生的冲击力和压迫感，制造让对手难以招架的强势进攻。

在制胜因素中，“转”是强化因素。旋转在现代乒乓球运动的进攻与防守中已经得到了更为广泛的应用，尤其是随着快速弧圈球的运用和不断发展，使得进攻中旋转的性质得到了进一步强化，要想打好乒乓球，对旋转的运用和应对已经成为当前必须掌握的技术能力。现代乒乓球技术的发展，在旋转上不是一味强调“越转越好”，但是“加转”仍然是各种不同旋转的基础。

在制胜因素中，“准”是保证因素。在乒乓球比赛中，不管是多“快”

还是多“狠”，如果缺少准确性，即球落不到球台上，也就无法得分。所以“准”对促进击球效果的提高具有非常重要的作用，同时也是制胜的保证因素。

在制胜因素中，“变”是关键因素。对于乒乓球来说，变化多也是其一大特点。在比赛中，双方运动员时刻处在速度、旋转、力量、落点的变化之中，都是通过这些变化来对对手进行克制，最终获得比赛胜利。尤其是和其他四个制胜因素相互结合，具有更为明显的效果。所以说，变是乒乓球制胜的一个关键因素。一直以来，中国乒乓球运动员和教练员都是以善于变化而著称。

五、制胜决策

所谓决策，主要是指为了实现一定的目标，人们所制定出的行动方案并将其付诸实施的过程。自古以来，它都是人类的一项基本活动，在不同的领域之中具有不同的目标，所采取的决策也就不相同。另外，决策是否正确，都会对目标的最终实现产生直接影响。制胜决策在中国乒乓球体系这个大的系统之中是一个比较小的子系统，它主要包括战略方针、战略目标、战略策略、战略政策和战略原则等各个方面的决策。

根据运动实践可知，中国乒乓球制胜决策是非常正确的，也是科学有成效的，这主要是因为其依据主要来自对制胜规律的正确认识和把握，同时它也为制胜实践提供了科学的理论依据。

（一）百花齐放——建立中国乒坛小世界

在充分认识乒乓球制胜原理的基础上，中国乒乓球队提出了一个具有较高实效性、科学性和中国特色浓厚的技术发展政策，即“百花齐放、以我为主、采诸家之长、走自己的路”，同时也提出了构建“中国乒坛小世界”的战略目标，这些都是其他任何国家都很难开展的一项具有创造性的系统工程。[①] 实践证明，其具有以下特点。

（1）具有正确性。

（2）具有科学性。

① 姜涛．乒乓球教育[M]．长春：吉林大学出版社，2010.

（3）具有实效性。

（二）勇于创新——保持制胜的关键

对于一个民族来说，创新是其灵魂，同时也是一个国家得以兴旺发达的不竭动力。有了创新，便会越来越兴盛，失去创新，就会逐渐走向衰败，任何一个竞技体育项目的兴衰都同创新有着非常密切的联系。中国乒乓球队能够站在历史的高度，对创新所具有的价值有一个充分的认识，无论是在乒乓球创新理论还是在创新实践方面都走在了世界的前列，同时这也是中国乒乓球几十年得以长盛不衰的关键所在。

中国乒乓球队的创新主要体现在以下几个方面。

（1）技术创新。

（2）打法创新。

（3）仪器和工具的创新，如球拍的改进，以及乒乓球发球机在训练中的使用。

（4）训练方法的创新。

六、制胜实践

《现代汉语辞海》对实践作出了科学的解释，即实践是人们对社会和自然进行改造的一种有意识的活动。所谓乒乓球制胜实践就是指为了更好地促使制胜决策得以实现所进行的实践和操作活动。在乒乓球制胜体系中，无论制胜决策和制胜原理是否正确，都要通过制胜实践来进行科学验证。几十年来，中国乒乓球队将科学训练同乒乓球精神有机结合起来，并在实践中付诸实施，获得了比较理想的效果。

（一）构建“人才生产线”

在现代竞技体育领域中，时常会出现人才断档、青黄不接的困境，这就会造成一些体育项目的发展大起大落，甚至是昙花一现。而中国乒乓球队之所以能够人才辈出，后备人才源源不断，主要是由于对后备队伍的建设长期予以重视，构建起一条“人才生产线”。

在对人才生产线进行操作实践中，根据各个时期世界乒乓球运动的发展趋势制定了与实际相符合的政策和措施，这主要体现在以下几个方面。

（1）对重点打法予以扶持。通过这种做法能够对中国传统打法进行鼓励和保护，充分体现出了国内练兵，一致对外的思想。

（2）对梯队建设予以重视，具体表现如下。

①建设国家一队，并以竞技夺标为训练的中心，同时在训练原则、训练打法风格以及训练重点等方面对各级运动队都能起到很好的导向作用。

②以国家二队作为枢纽，主要承担人才输送的作用。国家一队与国家二队还会进行循环赛升降，这样使得队员的危机感以及竞争意识得以增强，既使得质量得到有效保证，同时还能够促进国家队得以更好发展。

③对地方队训练工作予以大力支持。

④通过对竞赛的杠杆作用加以充分利用，对少儿运动员进行大力培育。

⑤除了国家计划之内的相关乒乓球比赛之外，对于民办比赛也给予了充分的支持，如“开拓杯”“希望杯”“娃娃杯”“新星杯”“向阳杯”等，从而形成了一个全面的基层少儿乒乓球竞赛网络。

（3）对基层教练员加强培训。

（二）实施合理、有效的训练方法和手段

随着现代竞技水平的快速提高以及现代科学技术的飞速发展，只有对现代科学技术加以广泛的利用，采取合理、有效的训练方法和手段，才能获得比较理想的运动训练效果。中国乒乓球队经过多年的探索，掌握了独特的训练手段和方法，从而为中国乒乓球队登上世界高峰、保持巨大优势打下了坚实的基础。这主要体现在以下几个方面。

（1）将全面技术同突出特长相结合。

（2）将无序训练同有序训练相结合。

（3）将诱导训练同模拟训练相结合。

（4）以赛带练。

（5）将系统训练同针对性训练相结合。

（三）强大的科研支持系统

中国乒乓球队还建立了自己的科研机构，不断地结合科技前沿的最近研究成果，结合乒乓球运动的发展需要，大胆借鉴与研发，从而为中国乒乓球的长盛不衰提供了强有力的支持。另外，我国乒乓球队还建立了自己的情报系统，专门收集与乒乓球运动相关的所有信息，并及时进行分析解读，为乒乓球运动的发展提供支持。

（四）拥有权威的领导核心和开拓创新的领军人物

多年来，中国乒乓球界一直都秉承着一种宽容的精神和开明的态度，对学术和技术始终都是鼓励“百家争鸣”“百花齐放”，借此来使思路得以激活，防止出现思路僵化，以更好地避免出现学术争论，总是能够很好地避开“众说纷纭，莫衷一是”的局面，将诸多主张一一筛选并加以整合，从而形成一个比较主流的思想，并在实践中加以落实，中国乒乓球认识水平始终处在世界乒乓球运动发展的前列，这对我国乒乓球事业发展过程中重大问题的决策具有非常重要的作用。

1. 权威、内行、稳定的领导核心

多年来，我国乒乓球界形成了一个权威、内行、具有稳定性的领导核心。这样一个领导核心始终都处在乒乓球运动发展的第一线，率团参与历届世界乒乓球比赛以及奥运会，对国际乒坛的发展有着非常深入的了解和掌握。这样一个领导核心对队伍管理非常重视，同时也从中体现出了强大的业务素质，能够在最为关键的时刻及时提出一些问题，促使大家积极思考，从而寻找出解决问题的有效办法。他们在乒乓球训练工作的组织实施以及世界乒乓球大赛的出兵排阵等方面发挥着领导核心的作用。

2. 多谋善断、开拓创新的领军人物

只有优秀的实施者才能贯彻正确的决策，其中领军人物具有非常重要的作用。任用一任又一任的出类拔萃的主教练是中国乒乓球队获得成功的最为关键的因素之一。

对于德才兼备的年轻人，乒乓球界的领导敢于委以重任。比如大家非常熟悉的蔡振华教练，在被委任男队领军人物时，仅有30岁。在他的带领下，中国乒乓球男队大胆创新、发奋图强，经过多年的苦战，终于重新崛起，达到辉煌。他的接班人是年仅27岁的刘国梁，同样地，带领我国乒乓球运动员一次次地取得了令国人骄傲的成绩。

中国乒乓球队历届领导群体相互信任、团结合作，统一认识，树立了榜样，并且得以相互传承。这也使得中国乒乓球界杂音少、内耗少，走向世界顶峰。

第二节　竞技乒乓球科学训练

竞技乒乓球是技术非常复杂的竞技运动项目，尤其在乒乓球传入亚洲国家之后，取得了飞跃式的进步，并逐渐形成丰富的技战术体系。在当前乒乓球竞技领域，我国运动员的科学训练，一直处于国际领先水平。本节将重点分析比较重要的科学训练系统和计划。

一、训练系统

在竞技乒乓球运动训练中，受到多种训练理念的影响，但其中最重要的是系统控制理念。它是指在运动训练中要具有系统观，从全局入手，在整体把握全局的同时，协调系统中各个要素的关系，让全队每个运动员的个人特长都得到最大程度的发挥，并且在他们之间的交互中形成更强的实力，运动队作为一个整体，通过系统的控制作用拥有了比原来个人能力相叠加更强的实力。

（一）个人训练系统

1. 身体素质训练

乒乓球运动员的身体素质训练可简单地概括为全面发展、重点突破两个方面。和足球、篮球等大球项目相比，乒乓球运动的技战术更加灵巧、精微，它要求运动员能够掌握细腻的手部、腕部、肩部的技术动作，这些技术对运动员的力量、耐力、速度以及小肌群的发力有特殊的要求。因此，运动员在进行身体素质训练时，必须在严格的、系统的组织下完成，如此才能获得最好的训练效果。

2. 心理素质训练

在系统控制理念下，对运动员心理训练的目的是通过有效手段和系统的方法，对运动员的动作感觉、时间感、空间感、情绪控制能力、心理调节能力等进行全面的训练。因为心理素质水平的提高也利于提高技战术水平。

3. 技术训练

运动技能是运动员的根本，是运动员在比赛中进行进攻与防守的基本素质。运动员的技术水平是一种综合能力的体现，因此在训练中要讲究全面性，它包括对运动员的智力、运动技巧、思辨能力、反应能力、自我效能感等综合能力的训练，而非仅仅是针对乒乓球技术进行训练。对运动员的技术训练实际上是非常复杂和多元的，因为只有这样才能真正提高运动员的综合竞技能力。

（二）运动队整体训练系统

1. 战术训练

战术训练就是最大限度地发挥运动员的个人特长技术，将比赛的主动权控制在手，从而赢得比赛胜利。

2. 实战能力

再多的训练都是为了比赛做准备，运动员的技能最终需要在比赛中进行检验。以运动员平时的训练为基础，加上参赛经验的结合构成了运动员的实战能力。在激烈的比赛中，运动员不仅能够克服紧张的心理，并且还能合理自如地运用自己的技战术，表现出良好的运动能力和心理能力，这就是所谓的实战能力。实战能力是战术意识与战术指导思想的集合。

二、训练计划

（一）训练计划的基本内容

训练计划的基本内容包括运动员的起始状态诊断、确定训练指标、划分训练阶段、提出各训练阶段的主要任务、安排比赛序列、调整训练负荷、选择训练方法和手段、制定恢复措施、检查评定训练效果。

（二）训练计划的基本结构

一个完整的运动训练过程应该包括运动员起始状态的诊断、训练目标的建立、训练计划的制订、训练活动的实施、训练过程的检查评定以及训练目标的实现六个基本环节。在运动训练的过程中，还可以根据训练的实际效果做出调节和修正，使运动训练过程更加具有实际意义，直至通过检查评定得到令人满意的结果，最终实现训练目标。

（三）训练计划的制订

1. 多年训练计划

多年训练计划更多的强调战略规划和布局，主要用于安排较长时间的系统训练，一般两年以上的训练设想和安排属于多年训练计划，也有时间跨度长达十几年的训练计划。计划的内容也是提纲挈领，无需设计细节，多采用文字或表格形式表达。

2. 年度训练计划

在制订多年训练计划之后，要制订年度训练计划。年度训练计划对竞技体育而言是训练的根本依据。每一个运动员都要清楚本年度即将要进行的训练内容是什么，自己要达到的技能水平，准备参加的比赛，预期获得什么样的名次等，这都是制订年度训练计划的依据和重要参考。

3. 月训练计划

对于乒乓球运动员而言，每个月要有每个月的训练目标和计划，完成相应的训练内容。在月计划中，一般要具体规定训练的目标、场地、内容以及备选方案等。可能还会分为A计划、B计划和C计划等不同的方案，以确保在各种情况下都能按照计划完成训练。

第三节　乒乓球运动员竞技能力的提升

一、运动员竞技能力的发展史

从宏观上来看，运动员竞技能力的发展历程反映了人类文明的进步史。竞技能力的内涵经历了由简单到复杂、由单一到多元、由浅层到深入的不断充实与发展的过程，从这个动态变化的过程中可以透视人类文明发展的历史痕迹，大体趋向为“物质→精神→科学”“具体→抽象→‘具体’（科学化、定量化）”“原始→现代→未来”。

从微观上来看，古代竞技运动中，运动员竞技能力的内容比较简单，在竞技“比赛”或以体力为主的较量中，人们获胜主要靠的是先天的体力和能力。最早期的竞技是从人与自然的较量中体现出来的，它是以生存为目的的。后来出现的原始竞技运动是从人与人或部落与部落的较量中体现出来的，它是以争夺荣誉和权力为目的的。在最早期的竞技和原始竞技运动中，人类的体能是较量的重要“武器”。后来出现科学发明后，人们以金属为原料进行兵器的制作，用于战争和竞技。随着人类文明的不断进步，兵器越来越丰富、先进，人们的操作技术越来越娴熟，在战争与竞技中人们主要依靠体能和技术（兵器）展开较量，体能与技能日渐结合，竞技能力的内容也从单一的体能要素拓展为体能与技能两大要素。人类文明的进步和社会文化生活的丰富推动了像篮球、足球这样集体类竞技项目的出现与流行。这些集体对抗竞技项目的对抗和竞争十分激烈，除了对人的体能、技术有要求外，对集体战术打法和配合的要求也很高，因此运动员竞技能力中又新增了战术能力这个重要因素。

现代竞技体育随着现代科技、社会经济、多元文化的发展而快速发展，竞技体育充满激烈的竞争，竞技比赛成绩越来越惊人，一些项目的世界纪录不断被刷新。随着一些科学而先进的训练理念、训练理论不断渗透与融入竞技体育中，以及运动员试图突破比赛成绩的需求越来越强烈，人们开始以先进理论为依托，以科学方法为工具，展开对人类精神领域的潜能的深入探索与开发，从而推动了运动心理能力和运动智力的发展，运动员竞技能力的内容在体能、技术能力、战术能力的基础上又增加了新的成员，即运动心理与运动智力。至此，竞技能力的结构趋于完善，内涵愈发丰富，运动员竞技能力的发展越来越全面。

在运动员竞技能力的内容不断充实与完善的过程中，有一个核心理论贯穿其中，即“物质变精神，精神变物质”的辩证唯物主义观点。正因为有这个核心理论的指导，竞技能力的发展才能实现质的飞跃，才能一步步充实与完善。竞技能力内涵的丰富也离不开体育社会学理论的指导，在核心理论与这一理论的共同作用下，竞技能力的构成因素将人类三大属性（物质属性、精神属性、社会属性）的基本特征全面涵盖并充分反映出来，人类所有运动动力及综合潜能的开发领域在竞技能力中得到完整的体现，这就进一步明确了运动训练的目标。总之，从竞技能力的发展历史中，我们可以管窥人类文明进步的历史和表现。

二、运动员竞技能力发展的科学理论

（一）竞技能力非衡结构补偿理论

竞技能力的构成因素之间存在着密切的关系，而且各构成因素的发展存在明显的均衡性特点。但从运动员个体方面来看，个体竞技能力构成因素的发展则具有非均衡性，这主要从个体竞技能力构成因素的相互关系中体现出来。从竞技能力功能实现的视角来看，要实现竞技能力一般模型的功能，需要竞技能力构成因素均衡发展，而要实现竞技能力个体模型的功能，则要求个体竞技能力构成要素相互补偿。[①] 竞技能力非

① 刘大庆，周爱国，刘刚等．运动员竞技能力的结构特点与基础训练方法[M]．北京：北京体育大学出版社，2006.

衡结构补偿理论就是依此而提出来的，能够更具体地说明与体现运动员个体竞技能力非衡结构及相互补偿的是“双子模型”理论。

1. 群体竞技能力结构的均衡特征

群体竞技能力也就是综合竞技能力，构成群体竞技能力的因素也就是子竞技能力，即个体竞技能力。只有子竞技能力不断发展与提高，群体竞技能力才能提高与均衡发展。例如，一个篮球队的综合竞技能力是整个队伍的整体作战能力，整体作战能力是由每个运动员的竞技能力也就是子竞技能力组成的，只有每个运动员的竞技能力都得到提高，全体队员的竞技能力均衡发展，才能整体提高团队作战能力。

2. 个体竞技能力的非衡结构及补偿特征

（1）个体竞技能力的非衡结构

运动员个体竞技能力构成因素的发展具有非均衡性，个体竞技能力的非衡结构是不断变化的，受到外界条件和环境的影响与干扰，这说明了运动员竞技能力非衡结构的不稳定。如果可以消除外界干扰因素，那么就可以恢复原来的非衡结构系统状态，使非衡结构在某个稳定状态中保持较长时间，这反映了个体竞技能力非衡结构的相对稳定性和动态变化性。

（2）个体竞技能力非衡结构的补偿性

个体竞技能力构成要素的发展是不均衡的，有的能力要素发展水平高，有的能力要素发展水平低，而它们之间是可以代偿弥补的，发展好的素质可以弥补弱势素质的不足。这充分体现了个体竞技能力非衡结构的补偿性特征。

个体竞技能力构成要素相互之间可以采用多种途径实现代偿弥补。进一步发展竞技能力结构中的优势因素或重点改善竞技能力结构中的弱势因素都可以促进整体竞技能力的提升。如果运动员竞技能力结构中某个能力要素发展严重滞后，那么竞技能力的整体功能就会受到严重的影响，整体功能的发挥就会受到限制。所以，强调弱势能力因素的发展在运动训练中是极为重要的。只有弥补了落后素质发展的不足，才能实现竞技能力构成因素的全面与协调发展，才能整体提升运动员的竞技能力水平，使运动员保持良好的竞技状态，在比赛中充分发挥综合竞技能力。在重点发展落后能力因素的同时，也要加强对优势能力的训练，使优势能力的功能得到更加充分的发挥，从而使落后因素给竞技能力带来的负面影响从优势能力这里得到弥补，使运动员的竞技能力水平不至于因为某个因素的制约而一落千丈。

（3）竞技能力非衡结构补偿现象的普遍性

每个运动员的竞技能力结构都具有非衡性，也具有补偿性，这在运动训练中是普遍存在的现象。运动实践表明，不同运动员的竞技能力结构各有特点，不同个体的竞技能力结构有差异，虽然竞技能力的结构要素相同，但构成要素的发展水平和非衡程度不同。竞技能力结构有差异的运动员在比赛中都能取得理想的成绩，这说明不同的竞技能力结构都能使运动员取得一定的成绩，关键在于竞技能力结构中的优势能力因素要能够弥补弱势能力因素，只有发挥代偿弥补效应，才能实现提高运动成绩的目标。总之，竞技能力非衡结构的补偿现象普遍存在于每个运动员身上，因此他们才能在比赛中取得好成绩。

3. 竞技能力非衡结构的补偿方式

（1）非衡补偿与平衡补偿

竞技能力结构中有的构成因素发展良好，属于优势能力因素，增强这类能力可促进竞技能力整体功能的提升，这就是竞技能力结构的“非衡补偿”。例如，跳高运动员助跑起跳技术好，重点发展该技术来提升整体竞技能力便属于非衡补偿。

运动员竞技能力结构中发展落后的能力因素影响竞技能力总体功能的提升，而通过提高薄弱能力可促进竞技能力总体水平的提升，这就是“平衡补偿”。例如，乒乓球运动员心理素质差，重点培养其心理素质则属于平衡补偿。

（2）内源性补偿与外源性补偿

有的竞技体育项目对运动员的先天遗传指标有较高的要求，如跳高运动对运动员的身高指标尤其是腿长指标的要求较高，发挥这些指标的先天优势去弥补后天发展不足的弱势能力，这就是“内源性补偿”。

运动员竞技能力构成因素中有的因素经过后天训练成为优势因素，而有的因素受先天遗传的影响很大，即使经过后天训练也难以有效改善，而用经过后天训练得到提升的优势能力去弥补这些提升较难的弱势能力，就属于“外源性补偿”。这种补偿方式在竞技能力非衡结构补偿中比较常见，而且补偿效应较为明显，有助于充分提高与发挥运动员的潜在优势能力。

（3）放大补偿与辐射补偿

有的运动员其竞技能力结构中某些因素具有绝对的优势，处于超常发展状态，这就大幅提高了其整体竞技能力，但该优势因素对其他因素的影响并不明显，这就是“放大补偿”。

运动员竞技能力结构中优势因素的充分发挥及其积极作用的充分发挥促进了各个构成因素之间的密切联系，对其他因素的发展起到了积极的带动作用，从而促进了各构成因素的协同发展，这种补偿现象则被称为“辐射补偿”。

（二）“人体结构等强”理论

1. 认识“人体结构等强”理论

“人体结构等强”是指人体各器官、系统功能水平所处的一种相对均衡和稳定的状态。人的生存和健康，是靠人体各器官、系统的功能水平保持一种相对“等强”状态和均衡发展状态而实现的。但这种“等强”状态，不是机械结构式的“等强”，而是一种有活力的、不断动态变化的相对“等强”。人体各器官、系统之间的关系就像竞技能力结构中各子因素之间的关系一样是相互依赖、相互支持、相互促进、相辅相成、有机联系在一起的。任何一个器官或系统的衰退或发展，都会影响其他器官、系统的功能水平，甚至会直接影响人体总体健康状态。因此，各器官、系统功能水平的“等强”状态是维持生活和健康的基本条件，而各器官、系统功能水平相对均衡的发展则是提高人体健康水平的保证。①

2. “人体结构等强”理论和竞技能力结构

“人体结构等强”理论与竞技能力结构理论具有很强的共性，体现在基本结构形式、基本发展规律和基本原理等方面。下面具体分析二者的共性。

（1）人的总体健康水平的保持建立在各器官、系统相对“等强”状态的基础上，其健康水平的提高则是建立在各器官、系统相对非均衡发

① 郑伟．论竞技能力［M］．北京：中国科学技术出版社，2005.

展的动态过程中。同样，运动员的总体竞技能力水平的提高是表现在各子因素之间的相对稳定和相对均衡状态中，而总体竞技能力水平的发展则表现在各子因素非均衡性的动态变化过程中。据此，两者都是在动态中发展、稳定中提高的，所以二者的结构特征极为相似。

（2）人体竞技能力结构中各子因素和人体结构各器官、系统之间的相对均衡状态和相对发展状态都具有非均衡性、非等量化、非定量化等特点。虽然每个子因素和每个器官系统在形态、性质和功能作用上不尽相同，但其作用目标是一致的，都是为了提高人体总体竞技能力水平和总体健康水平。

（3）人体各器官系统之间，竞技能力各子因素之间都具有相互补偿的作用，无论在发展的动态过程中，还是在提高的相对稳定状态中，都具有“强势因素”对“弱势因素”的补偿功能。这种补偿功能具有两种效应：一是正补偿效应，是指通过强势因素对弱势因素的补偿，弱势因素越来越强，总体竞技能力水平越来越高；二是负补偿效应，是指由于弱势因素太弱，在补偿过程中反而减弱了强势因素和总体竞技能力水平。据此可知，对一般弱势因素的内部补偿应尽量体现在相对稳定状态的比赛阶段，而为了防止出现负补偿效应，应在动态发展的训练阶段采用相应的外部补偿方式（训练方法和手段）来解决那些太弱的“弱势因素”的发展问题。

（4）无论是人体各器官系统的相对“等强状态”和动态发展状态，还是运动员竞技能力各子因素间的相对均衡状态和非均衡发展状态，以及各子因素、各器官、系统之间的相互补偿效应，都受到两种方式的控制和调节：一是靠人体中枢神经系统和植物性神经系统所进行的先天性内部自然调节；二是靠教练员和相关科研人员所进行的后天性外部人工调节。

“人体结构等强”理论只是从人体结构学和功能学的角度去解读和探索竞技能力结构理论的发展规律和原理，它最主要的优势是在研究过程中保持了人性化和动态化的特点。但该理论很难事无巨细、完全客观地解读竞技能力的所有规律和原理。该理论的相关研究还处于初步阶段，有待深入探索和继续完善，使其更好地发挥理论指导作用。

三、运动员竞技能力的均衡发展

竞技能力均衡发展是指在提高和发展运动员竞技能力总体水平的全过程中，不同竞技能力要素之间（集体项目），后天性竞技能力各可塑性因素之间要在不同训练阶段保持一种相对均衡的发展水平，以保证总体竞技能力水平的全面发展和提高。[①] 竞技能力均衡发展充分反映了竞技能力发展的基本原理和客观规律，运用均衡发展理论去指导运动训练，对保障训练的全面性以及提升运动员整体竞技能力具有重要意义。遵循竞技能力均衡发展原则而进行运动训练，有助于提升训练的科学性，提升训练效果，促进运动员各项素质的全面发展与改善，使运动员的竞技状态达到理想水平。

竞技能力构成因素中，有的属于先天因素，遗传基因决定了先天因素的发展，所以这类竞技能力没有很强的可塑性，而竞技能力中占多数的后天因素有很强的可塑性，后天训练和社会环境对这类因素的影响很大，通过改善环境和加强训练，可以有效提升后天性竞技能力水平。所以在运动训练中要深度挖掘与充分开发运动员竞技能力结构中后天因素的巨大潜力，如在后天训练中努力提升运动员的身体素质、技战术水平、心智能力，培养运动员的思想道德与精神。不管是体能、技能还是心智能，都要通过系统训练来不断提高。这些后天性竞技能力之间关系密切，相互依赖，相辅相成，也存在代偿弥补机制，并在后天训练中不断变化，在动态发展中保持平衡。当某个能力因素快速发展时，就会在客观上要求其他能力因素也快速发展，追赶其步伐，这样原来的相对平衡状态就被打破了，这些能力因素会再次形成一种更高水平的相对平衡状态，而竞技能力的总体状态和整体水平也会有所提升。

对于集体对抗类的竞技运动项目来说，要提升整个运动队的团体作战能力和总体竞技水平，就要先提高每个队员的个体竞技能力，并使队员之间的个体竞技能力的发展水平达到相对的平衡状态，同时在不断训练中打破原来的平衡，进入更高水平的平衡状态，逐步提升总体竞技能力。大球运动是典型的集体对抗类竞技体育项目，以篮球运动为例，如果某个篮球队中有个别队员的竞技能力明显比较弱，那么整个队伍的整

---

① 杨桦，李宗浩，池建．运动训练学导论[M].北京：北京体育大学出版社，2007.

体作战能力尤其是战术行动能力和行动质量就会受到严重制约，其他队员竞技能力的发挥自然也会受到影响，最终影响到比赛成绩。所以，一个运动队中，每个成员的个体竞技能力是强是弱，对整个队伍的综合竞技状态及其他队员竞技能力的发挥都会产生重要影响。因此，在集体类项目的运动训练中，必须注重每个成员之间竞技能力的均衡发展，同时也要加强个体竞技能力的代偿性发展，最终提升整个队伍的整体比赛能力。

下面分析运动员竞技能力均衡发展的建议与策略。

（一）对竞技能力各个构成因素的发展水平进行合理控制

运动训练以提升运动员的竞技能力和运动成绩为目标，运动训练工程非常复杂，要使竞技能力各要素在动态发展中达到相对均衡状态，就要先将影响竞技能力各要素均衡发展的主要因素找出来，对这些因素发展中存在的问题重点进行解决。竞技能力结构因素的发展水平在不同时期和阶段都应达到暂时的相对均衡状态，这就需要用一些可量化的指标来衡量不同因素的发展状态是否相对均衡。而至于均衡发展的程度如何，或各因素的发展水平存在什么样的差异，这是很难量化的。既然不能进行定量研究，那么就需要进行定性分析。这离不开教练员在运动训练中的认真观察，也离不开科研工作者的科学检测与客观评定，经过多方努力才能最终了解运动员竞技能力各要素的发展达到了何种程度的“相对均衡”状态或存在哪些“非均衡”差异。这个评价的过程既有主观的观察，也有客观的检测与诊断，最终获得的信息也只是一种大概，而不是十分精确的，但这对指导运动训练工作已经足够了。了解竞技能力构成因素的发展差异后，教练员要对运动训练计划进行合理安排，有针对性地发展各种能力因素，进一步提高优势因素的水平，并解决弱势因素的问题，从而总体提升运动员的竞技能力。

（二）对“弱势因素”的训练要特别重视

在运动训练中，教练员要注意观察运动员哪些方面的竞技能力发展滞后，将弱势能力因素找出来，然后有针对性地加强弱势能力的训练，及时弥补弱势能力的不足，否则等发展严重滞后时再弥补就非常困难了。加强弱势能力因素训练要注意下列几点。

（1）分析运动员某方面竞技能力发展水平低的原因。

（2）对运动训练计划进行调整，弱势能力因素训练所占的比重多一些。

（3）针对弱势能力因素所采取的训练手段与方法要有针对性、实效性，使弱势因素成为一般因素，然后发展成为优势因素，使竞技能力构成因素中优势因素所占的比例提升，这将有利于提升运动员的整体竞技能力。

（三）将竞技能力各因素之间的互补效应充分利用起来

（1）将内源性补偿的作用充分发挥出来，把好运动选材关，提高运动诊断的准确性，促进运动员竞技能力中先天性能力因素的发展。

（2）将外源性补偿的作用充分发挥出来，提高运动训练的科学性、全面性，促进竞技能力各因素发展水平的提升，尤其要加强弱势能力因素的训练，凡是经过后天训练能够改善与提升的能力因素都要做好训练工作。

（3）在临近比赛时，要短期内提升弱势能力因素的发展水平是很难的，这时不要将过多的精力放在弱势能力的训练上，而应该充分巩固优势能力因素，通过优势因素与弱势因素之间的补偿效应来促进竞技能力的提升，从而使运动员在比赛中保持良好的竞技状态，取得理想成绩。

四、运动员竞技能力的非同步性发展

无论是从宏观上还是从微观上，事物发展的非同步性是普遍存在的，在竞技训练领域，从运动训练到竞技比赛；从机体生长发育到运动选材；从多年训练阶段的划分到大周期训练内容的安排；从训练方法的运用到负荷量度的控制；从训练过程的适应到运动后机体的恢复等，都存在着大量的非同步现象。例如，在运动素质发展的敏感期，相关运动素质发展的速度呈现出明显的非同步性特征。训练中可利用运动素质发展的敏感阶段，及时发展能适应专项需要的素质或能直接为专项服务的素质；再如，不同肌肉群反应速度的提高也是非同步的。提高最快的是手指和前臂的屈肌,最慢的是躯干、大腿、小腿的屈肌。

竞技能力是运动训练理论中的一个核心概念。运动训练和竞赛的内容都围绕着运动员竞技能力的挖掘、发展和表现而展开,如何提高运动员的竞技能力并最大限度地发挥竞技能力,这是运动训练理论的核心问题。运动员各竞技子能力都得到同步性均衡化发展是运动员和教练员共同的期望,但现实表明:运动员的竞技能力结构大都是非衡结构,但也不是所有的运动员都是如此。在人们不断追求理想竞技能力结构模型的过程中,从理论上来看,在特定阶段会出现各竞技子能力同步发展的情况。同时,从运动员竞技能力发展的角度来看,人们通过制订训练计划和安排训练内容来调控整个训练过程的目的就是希望运动员各竞技子能力能达到最佳的同步化发展,表现出最佳竞技状态。然而,理论上的美好设想和训练中的实际偏差告诉我们:在特定阶段或时期可能会出现同步化发展;非同步性发展中蕴含着同步性发展的趋势,同步性发展中包含着非同步化发展的成分。因此,非同步性发展是绝对的、客观的,而同步性发展是相对的、有条件的。

运动员竞技能力非同步性发展理论在运动训练中具有重要指导意义,而运动训练是一个复杂的工程,由训练工程规划、训练工程实施和训练工程监控三项子工程组成,各个部分又包含具体的工作环节,如图3-3所示。下面主要分析竞技能力非同步性发展理论在运动训练工程中主要环节的运用和指导。

(一)运动选材:非同步性选择

运动选材(现实状态诊断)是运动训练工程的初始阶段,是根据运动项目的特点和要求,以科学的方法进行测试和预测,挑选具有良好运动天赋及竞争潜力的儿童少年或后备力量参加运动训练的考察、测试和选拔过程。运动选材是运动训练过程中具有决定性作用的首要环节,是培养优秀运动员、创造优异成绩的重要一步。因此,在竞技领域有“选材成功就意味着训练成功了一半”的观点。不同儿童少年自然发育中的非同步性导致其某些特质满足了不同专项运动训练的特殊需要。因此,可以说运动训练就始于运动员非同步发育这个基础。

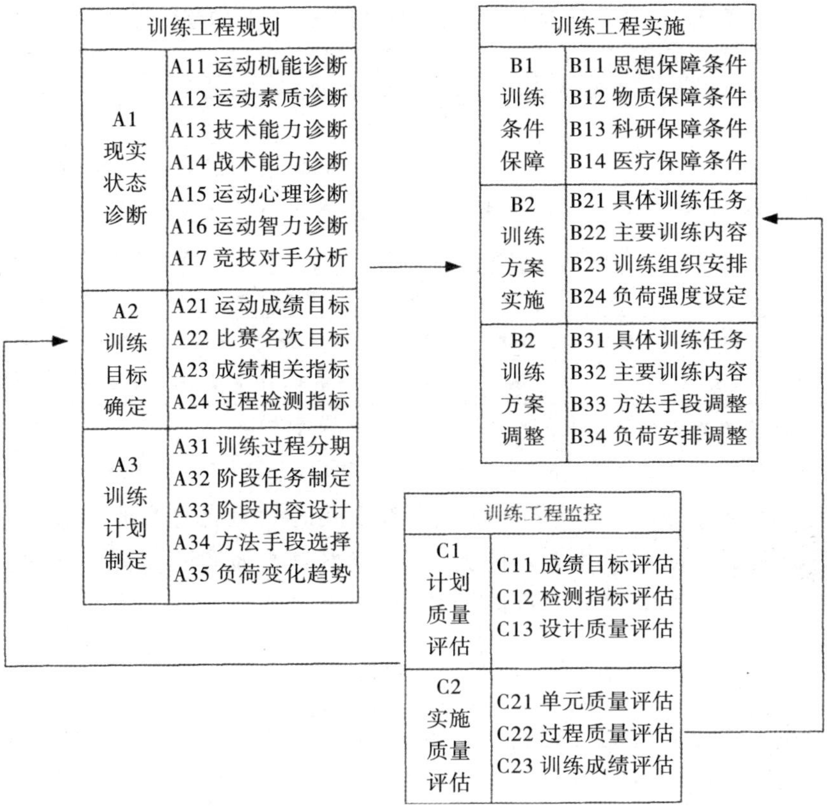

图 3-3　运动训练工程①

1. 不同项群选材中的“非同步性选择”

在不同的项群中，体能、技能、心理能力、运动智能的重要性具有明显的差别（表 3-1）。这就决定了在运动员选材中，要选出专项竞技能力主导因素发展突出的、发展潜力大的后备人才。

① 胡亦海．竞技运动训练理论与方法[M]．北京：人民体育出版社，2014.

表 3-1　不同项群运动员竞技能力各决定作用的等级判别[①]

决定因素	体能主导类项群			技能主导类项群				
				表现性		对抗性		
	力量类	速度类	耐力类	难美	准确	隔网	同场	格斗
体能	★★★	★★★	★★★	★★	★★	★★★	★★★	★★★
技术	★★	★★	★★	★★★	★★★	★★★	★★★	★★★
战术	★	★	★★	★	★	★★★	★★★	★★★
心理	★★	★★	★★	★★	★★★	★★	★★	★★
智力	★	★	★	★★	★★	★★★	★★★	★★★

注：★★★决定性作用；★★重要作用；★基础性作用

正如表 3-1 所示，对于体能主导类项群，运动员的身体发育条件、身体机能条件、运动素质条件以及三者发展的潜力成为该项群选材的首要考虑因素。而对于技能表现类项群，选材时要强调运动员突出的协调能力、灵活性、感知觉灵敏度以及聪明、果敢等素质。

2. 不同阶段选材中的“非同步性选择”

运动员的竞技能力是在一定的时间过程中逐步表现出来的。因此运动选材也不是一次完成的。运动选材工作主要分两个阶段进行，即在基础训练阶段开始之前进行初选，在专项提高阶段开始之前进行中选（表 3-2）。

表 3-2　竞技能力构成因素在个别项目不同阶段选材指标体系中权重的变化[②]

类别	赛艇		射击		帆板	
	初选	中选	初选	中选	初选	中选
身体形态	0.45	0.20	0.20.	0.08.	0.25	0.15
身体机能	0.15	0.20	0.07	0.05	0.15	0.10
运动素质	0.35	0.30	0.10	0.06.	0.22	0.26
技术	0.05	0.20	0.10	0.18	0.20	0.20
战术	0	0.05	0	0.06	0	0.05
心理	0.05	0.05	0.50	0.54	0.08	0.24
智力	0	0	0.03	0.03	0.10	0

① 李赞．非同步性：竞技子能力发展的基本特征[M]. 北京：北京体育大学出版社，2016.
② 同上。

由表 3-2 可以看出，在不同项目选材的不同阶段，对竞技子能力的要求或选择具有明显的非同步性。

（二）训练目标：非同步性制定

运动选材是运动训练的首要环节，完成运动选材后，就正式进入运动训练阶段，在这个阶段首先要设计合理的训练目标。从训练目标的准确度或清晰度来看，训练目标有明确化目标、模糊化目标两种类型，明确提出训练目标各层次的具体要求和期望，这就是明确化目标，如果对训练目标各层次的要求不明确、不具体，只有大致的标准，那么就是模糊化目标。

运动训练目标是一个有机系统，其由多个层次的目标组成，在训练目标的设计中，不能只表明期望运动员获得什么样的名次，或用具体的量数来表明期望运动员达到什么样的成绩，这是最终的结果目标，正确的做法是将完整的目标状态描述出来。田麦久将训练目标划分为三个指标层次，分别是训练负荷指标、竞技能力指标以及运动成绩指标。负荷指标明确又细致，对运动强度、运动量的要求都是明确的，要求依据目标的变化而调整负荷节奏；竞技能力指标比较明确，对这一层次的训练目标进行设计，可以将总体特征模型、单（多）因素特征模型作为参照；运动成绩指标非常直接和精确，直接提出运动员经过训练要争取在比赛中取得什么样的名次。训练目标的设计具有非同步性，对与训练目标相关的各项指标的设计要随着实际情况的变化而不断调整。

田麦久提出的训练目标的三个指标层次是密切联系的，对它们的非同步性设计贯穿于整个训练进程中。负荷指标的达成情况直接影响竞技能力指标的设计，运动成绩指标对竞技能力指标设计起到导向作用。运动员竞技能力指标的实现及运动成绩指标的达成都是建立在负荷指标的实现这一基础上的。在运动训练的整个过程中都要合理安排训练负荷，始终根据训练进程的变化而设计相应的负荷指标。在运动训练过程中，设计竞技能力指标主要出现在某几个阶段中，经过一段时间的训练后，要进行一些测试或组织模拟比赛，从而了解运动员经过训练后竞技能力状态如何，这时就会设计运动成绩指标。

总之，运动员在不同训练阶段要实现的训练目标不同，不同运动员在同一训练阶段的训练目标也可能不同。训练目标的设计要考虑诸多因素，如比赛性质、比赛任务、运动员实际水平等，而且在目标设计中既要有长远目标，也要有短期目标。关于运动员“运动成绩指标”这一层次目标的设计更应该体现非同步性。有时训练目标只是要求运动员在比赛中正常发挥就可以了，对比赛名次不必顾虑太多；有时则主要强调取得好的比赛名次，而成绩不那么重要，因为只有名次靠前才能进入下一阶段的比赛；而在比赛的最后特别是在决赛中，既要取得好名次，也要在成绩上有所突破，争取创造新的世界纪录。

（三）训练内容：非同步性安排

不同的训练内容是根据不同的训练目标和任务而安排的。构成总目标和任务的若干子目标和子任务，又需要在不同训练阶段进行针对性安排来与之相对应，而每个阶段都有特定的训练内容，体现出训练内容安排的非同步性。

1. 宏观训练内容的安排

宏观训练内容的安排主要是指一般训练和专项训练内容的安排，尤其是指运动员多年训练过程中一般训练内容和专项训练内容的安排。运动员全程性多年训练计划中要明确规定不同阶段的训练任务、训练内容及顺序以及负荷特点（表 3–3），在特定的训练阶段应以发展某种能力为主，发展其他能力为辅。这从宏观上为运动员竞技能力各要素的非同步发展做了铺垫。

表 3–3　全程性多年训练的阶段划分及内容安排①

训练阶段	训练任务	重点训练内容及顺序		负荷特点
		体能主导类	技能主导类	
基础训练阶段	发展一般运动能力	1. 协调能力、基本运动能力 2. 多项基本技术 3. 一般心理品质 4. 基本运动素质	循序渐进 留有余地	

① 李赞．非同步性：竞技子能力发展的基本特征 [M]. 北京：北京体育大学出版社，2016.

续表

训练阶段	训练任务	重点训练内容及顺序		负荷特点
		体能主导类	技能主导类	
专项提高阶段	提高专项竞技能力	1. 专项运动素质 2. 专项技、战术 3. 专项心理品质 4. 训练理论知识	1. 专项技、战术 2. 专项运动素质 3. 专项心理品质 4. 训练理论知识	逐年增加 逼近极限 在高水平 区间起伏
最佳竞技阶段	创造专项优异成绩	同“专项提高阶段”	同“专项提高阶段”	同“专项提高阶段”
竞技保持阶段	努力保持专项竞技水平	1. 心理稳定性 2. 专项运动素质 3. 专项技、战术 4. 训练理论知识	1. 心理稳定性 2. 专项技、战术 3. 专项运动素质 4. 训练理论知识	保持强度 明显减量

2. 中观训练内容的安排

中观训练内容的安排是相对于宏观层面一般训练内容和专项训练内容而言的，主要是指从发展运动员的体能、技能、心理能力以及运动智能等不同竞技子能力。运动员竞技子能力的发展具有非同步性特征，对竞技子能力训练内容的非同步性安排符合这种非同步性发展特征。

3. 微观训练内容的安排

微观训练内容相对于宏观训练内容和中观训练内容更具体。微观训练内容的非同步性安排是中观训练内容和宏观训练非同步性安排的具体体现。不同的项目由于专项要求不同，所以在训练内容的安排上先后顺序和侧重点都有区别，这体现出微观训练内容安排的非同步性。

（四）训练绩效：非同步性评价

对运动员训练及比赛状态的诊断与评价是有效控制训练与参赛过程的重要环节。在运动员训练、竞赛的不同阶段，诊断与评价的内容、要求、标准都有所不同，具有明显的非同步性特征。

1. 目的评价、过程评价和结果评价的非同步性

运动员在训练过程中参加测试或比赛都有很强的目的性。因此，评价运动员的训练状态时，首先关注其练习或参赛的目的，其次客观评价其练习或比赛的过程，最后对结果进行评价。从训练或参赛的目的、过程及结果三个方面进行非同步性评价，有助于运动员更加明确参赛目的、把握参赛过程的细节及反思比赛结果。

2. 鼓励评价和批评评价的非同步性

运动员在训练与竞赛中的表现既有值得肯定的一面，同时也存在需要改进的地方。教练员应根据运动员的个性特点进行非同步性评价。对自信的运动员，要多指出其问题；对自信不足的运动员，要多鼓励，并赞扬其值得肯定的方面，以提升其自信心。

五、提高乒乓球运动员竞技能力水平的建议

（一）全面发展乒乓球运动员的竞技能力要素

竞技能力的构成因素是复杂多样的，但层次鲜明，具有有序性，这就构成了竞技能力结构的主要特征。对乒乓球运动员竞技能力的结构要素进行研究时，要从系统和整体的角度出发将竞技能力看作是一个有机的整体，对竞技能力的内在规律从整体上予以把握，要树立大局观和整体观，秉着局部服从整体的原则去解决矛盾和冲突，当子能力与竞技能力这个有机整体在某些方面产生矛盾时，要做到以大局为重。

对于乒乓球运动员而言，既要具备全面的技术、战术能力，同时还有具有较好的战略思维，对比赛能够从全局思考，能够退出画面看画，只有同时具备竞技能力与战略能力，才能成为一名成熟的、全面发展的竞技乒乓球运动员。

（二）乒乓球运动员的竞技能力要动态平衡式发展

乒乓球运动员的竞技能力是不断变化的，具有鲜明的动态性，不可

能存在静态的完全不变的竞技能力，哪怕竞技能力水平退化也是一种变化。在竞技能力的变化体现在其结构因素的变化上，不同结构因素在变化发展中保持一种相对的稳定状态和平衡状态。竞技能力系统强大的生命力主要就来源于不断的变化与发展，因此在对乒乓球运动员的竞技能力进行培养时，要从动态的、变化发展的视角出发对乒乓球运动员的竞技能力要素进行研究，对竞技能力要素发展变化的内在规律有准确的认识，对各个组成要素的过去状态、现状及未来开发潜能都要做到“心里有数”，尤其要对运动员当下的竞技状态有清晰的认识，并从乒乓球运动员竞技能力当下的相对发展变化的状态出发进行具有针对性的训练。

第四节　乒乓球运动队训练基地建设研究

一、我国建设乒乓球运动队训练基地的目的

随着我国社会经济的不断飞跃，竞技体育也得到了迅猛发展。为了适应社会进步和经济发展对竞技体育提出的更高的需求，与世界竞技体育的发展趋势保持一致，使我国与世界体育强国的差距进一步缩小，我国政府指出要增加对竞技体育的经费投入，采取多种措施支持与管理竞技体育，不断增加运动训练和竞赛的科技含量，积极建设大型综合性训练基地，并大力改造现有的重要基地。国家体育总局正在逐步实现这一目标，在政府的支持下，我国修建和改造了一批现代化训练基地，这为中国运动员在大型竞技比赛中取得优异成绩奠定了坚实的基础。

当前，现代化和高科技含量的运动设施已成为现代竞技运动的重要组成部分，对大规模、高水平、综合性竞技运动基地的建设已成为世界各国在竞技体育领域取得优异成绩的通行做法，我国同样如此。我国乒乓球运动员不断在世界大赛中取得辉煌成绩，与我国加强乒乓球训练基地建设有直接的关系。

从世界竞技乒乓球的发展来看，国际比赛并非一直都在某一特定地区举办，世界不同地方都可能会举行国际乒乓球赛事，每个举办地的环

境因素（如气候、湿度、海拔等）都不同，这一方面会影响乒乓球的速度旋转等；另一方面会使运动员的身体产生不同的应激反应。为了使乒乓球运动员适应各种比赛环境，减少外部因素带来的不良刺激与产生的不良反应，保持我国乒乓球运动的国际竞争优势，在我国不同区域加强国家训练基地的建设，并进一步加大训练基地管理力度势在必行。

二、我国乒乓球运动队训练基地的布局现状

国家乒乓球训练基地的布局要从实际出发来设计，具体就是要考虑我国实际情况，着重考虑乒乓球项目的发展，并按照乒乓球发展的区域优势来系统分析与科学设计我国乒乓球训练基地的布局，从而使政府部门在支配人、财、物资源等方面的优势得到最大程度的发挥，并实现资源的合理优化配置，促进我国乒乓球运动持续发展。

表 3-4　我国乒乓球运动队主要训练基地的布局

基地名称	所属区域
河北正定	华北
山东潍坊	华北
湖北黄石	华中
宁波北仑	华东
江苏通州	华东
福建厦门	华南
广东汕头	华南

从上表来看，我国乒乓球训练基地主要集中在华东和华南，短期训练基地主要分布在经济较为发达的长江中下游和沿海一带的城市，具有相对集中的地域性特征。长期训练基地如河北正定和山东潍坊国家训练基地主要位于华北平原，暂时还没有适合进行特殊训练的高原训练基地，这需要引起相关部门的重视，加强特殊训练基地的建设，以提高运动员适应高原比赛环境的能力。

三、我国乒乓球运动队训练基地的后续发展

乒乓球队结束训练从基地离开后，需要大量资金才能保证基地的日常维护和运行，政府在这方面的投入相对有限，因此无法满足基地运行的需求。随着市场经济的不断发展，近年来，按市场机制加强训练基地经营管理的模式越来越普遍，场馆经营和社会开放程度逐渐扩大，并通过市场化经营来增加训练基地的收入，如实施基地有偿开放、场地出租等，但前提是先满足国家队训练的需要，然后对外有偿开放，一方面满足群众需求；另一方面弥补基地经费短缺的现状。

调查发现，河北正定乒乓球训练基地发挥本基地的多功能作用与综合效益，以基地为龙头，利用国家乒乓球队的优势，办好已在中国乒协注册的中国乒乓球协会正定国际培训中心乒乓球队，吸引世界各国乒乓球运动员到基地观摩学习、训练，积极承办各种洲际性、世界性比赛、训练及交流活动等，打造世界一流国际乒乓球交流场所，为国家创造外汇收入。

厦门基地挂靠福隆集团，在发挥本基地特殊优势的基础上，集团专门聘请中国健身行业的领导者——青岛英派斯健身来统一经营管理福隆体育公园、乒乓球训练基地，并成立了福隆英派斯健身俱乐部，引领全新的健康生活方式。公园内还建有体育商城、商务酒店、会议新闻中心、运动员体能恢复中心等高标准、专业化的设施，具有休闲、运动、度假、商务等多项功能，可满足多种需求。

为此，每个基地都可以利用本训练基地的区位优势，在满足专业训练需求的同时走社会化、市场化发展之路，以减轻政府负担，为国家增加收入。

第五节　规则变化对乒乓球比赛技战术发展的影响

为了促进乒乓球运动能够在世界各国得到均衡的、更好的发展，自1980年以来，国际乒联对乒乓球的比赛规则作了多次调整。然而，尽管

调整规则的初衷是为了促进乒乓球运动的长远发展。但不可否认的是，每次规则的修改，都会对一些现役运动员产生极大的冲击，甚至有时候会造成毁灭性的影响。因为不是每一个运动员都能适应新的规则，有的会因此而在竞争中被淘汰，新的规则对一些运动员而言确实是天赐良机，他们抓住这一历史性的机会一跃成为乒坛新星。因此，面对新的规则，需要从多个角度进行评价。

一、乒乓球规则变革历程

根据《国际乒联手册》比赛规则及赛制安排，乒乓球规则的改革主要体现在器材改革、技术改革和赛事改革等方面。

（一）器材改革

器材的改革包括球、胶水、胶皮等。

1. 在球的方面

2000年，国际乒联将比赛用球由直径38毫米、重2.5克，换成直径40毫米、重2.7克，使乒乓球的直径、体积、表面积、质量较原先的乒乓球分别增加了5.26%、16.60%、10.80%、9.24%。

2. 在胶水方面

国际乒联要求，禁止在大型比赛中使用有机胶水和含挥发性有机黏合剂的胶水。

3. 在胶皮方面

根据世界乒联的要求，球拍两面必须无光泽，并且一面为红色，一面为黑色。

（二）技术改革

技术改革主要以发球规则为中心，分别经历了几次重要的改革。

1.1983 年

国际乒联要求：运动员在发球时双手应在球台水平面以上。

2.1987 年

国际乒联要求：抛球要近乎垂直地向上且离手后的高度不少于 16 厘米。

3.2002 年

国际乒联要求：要实施无遮挡发球，此规则大大降低了发球的威胁性。

（三）赛制改革

1.2001 年

国际乒联将赛制由 21 分制降为 11 分制，每轮 5 个发球变为 2 个发球。

2.2008 年

北京奥运会上，国际乒联将男双和女双比赛并入男团和女团比赛的第 3 场。

3.2022 年

东京奥运会上，在国际乒联要求下，增设混双比赛。[①]

3.2024 年

在巴黎奥运会上，保留混双比赛项目。

二、规则改变对乒乓球技、战术的影响

规则的改变必然会影响技战术的改变，对于一项发展十分成熟的运

① 刘明刚.2019 年三人制男篮世巡赛 4 强队伍攻防技战术特征研究[D].曲阜：曲阜师范大学，2021.

动项目而言，它的每一个元素之间都已经形成了多层次的连接，各个元素之间彼此支持和抗衡。因此，任何一个元素的改变都会使相应的其他元素发生或多或少的调整。比如发球规则的改变，就影响技术和战术的微妙调整。

（一）比赛用球

乒乓球直径的改变，对技术难度有着直接影响。从小球向大球的改变，意味着球速变慢，从整体上降低了乒乓球运动的难度，这明显是给那些落后的欧、美、非洲等国家和地区的乒乓球发展创造机会。增加了球的直径，对于一直以来都以小球为训练标准的中国乒乓球运动员来说，则意味着要做出许多艰难的调整。

规则改变之前，技术的关键围绕着利用球的旋转和速度来创造取胜的机会。力量并不是关键因素，但是改为大球之后，对力量的要求逐渐提升，降低了原来主要依靠球的旋转和速度取胜的技术形态，这对我国专心攻克旋转与速度的运动员显然是非常不利的。同时，这一改动更有利于欧洲力量型选手发挥优势。

因此，比赛用球的改变对我国运动员的技术、战术都形成了较大的冲击，要想保持优势地位，必须尽快适应大球的特点，并重新训练与之相适应的技战术。

（二）球拍变化

乒乓球胶皮有长胶、正胶、生胶及最常见的反胶，每一种胶皮对旋转和速度的控制都不相同。因此，针对胶片的规则改变，将直接改变运动员原有的技术训练成果。在战术方面，为适应变化，应练习或研究更加奇怪的套路让对手在比赛中难以适应。

（三）胶水变化

胶水的改变，会导致胶皮弹性的改变，具体说是无机胶水使胶皮的弹性变小，打出旋转球的难度增大，也就是说从根本上限制了原来靠高速旋转球给对手制造压力的技术的发挥。

无机胶水的使用在一定程度上影响了运动员的战术打法，会促使运动员和教练员在技战术方面做出新的调整。但是对于一些技术全面、相持能力好的运动员没有什么大的影响，而对原来以凶狠快攻见长的运动员则大大被削弱了比赛优势。

（四）比赛赛制

调整为 11 分赛制后，乒乓球的比赛时间大幅缩短，比赛节奏明显加快，对运动员最大的影响就是难以摸清对手的技战术特点，从而为比赛增加不确定性和偶然性，因为每一分都显得更为重要，尤其是前三板技术，对比赛走向和运动员心态都会产生更大的影响。

为了获得比赛的主动权，运动员必须尽可能多地使用拧拉、快撕、挑打、摆短和劈长等技术，即一开始就要尽快“抢分”，进攻比防守更为重要。

另外，11 分制对运动员的心理素质也提出了更高的要求，因为比赛更加激烈、快速，稍有不慎就会错失胜利的时机，因此运动员都是顶着巨大的心理压力参加比赛，这对他们技战术的发挥不可避免地造成一定的影响。因此，平时要更加注重训练运动员的心理素质。

（五）发球规则

在世界乒联新的发球规则下，要求无遮挡发球，且每次发球的抛球高度要超过 16 厘米，目的是让对手和裁判员看到他的球和球拍，看到发球瞬间球拍与球的接触点，以及球拍的移动方向，从而对来球的旋转和方向等做出更为准确的判断。

在新的规则下，我国乒乓球运动员必须以此做出新的调整，包括发球方式、发球技术，以及发球后的战术等。

第六节　乒乓球赛事引入鹰眼系统的研究

鹰眼系统就是即时回放系统，这一技术在竞技体育领域具有非常重要的作用和意义，因此运用十分广泛。因为鹰眼系统引入竞技比赛中，首先使辅助裁判做出更为准确的判决，减少错判、漏判的概率。另外，对于观众而言，通过鹰眼系统的回放技术，能够在大屏幕上看到运动员的精彩表现，这对于观赏效果而言，是一个巨大的提升。本节将主要探讨鹰眼系统给乒乓球运动带来的影响，以及鹰眼系统存在的问题提出一些思考和建议。

一、鹰眼系统的运用流程

鹰眼系统的流程是，在每场比赛中由一名蓝牌裁判员轮流负责监控鹰眼回放系统，辅助临场裁判员根据鹰眼回放系统作出决定。如果运动员对临场裁判的判罚有异议，要在下一回合开始之前尽快提出，但是运动员只能根据具体的判罚原因提出要求，然后根据鹰眼系统的回放，裁判再次确定判决结果。具体流程见图 3-7。

二、鹰眼系统的优势与劣势

（一）鹰眼系统的优势

鹰眼系统的引入对竞技体育而言，无疑是一种积极的推动，对比赛的公正性和观赏性都有了显著的提高。但是，鹰眼系统的引用同时也不可避免地带来一些消极的影响因素，无论对运动员还是对裁判员，这种影响都是真实存在的，长远来看，它的威力也不容小觑。

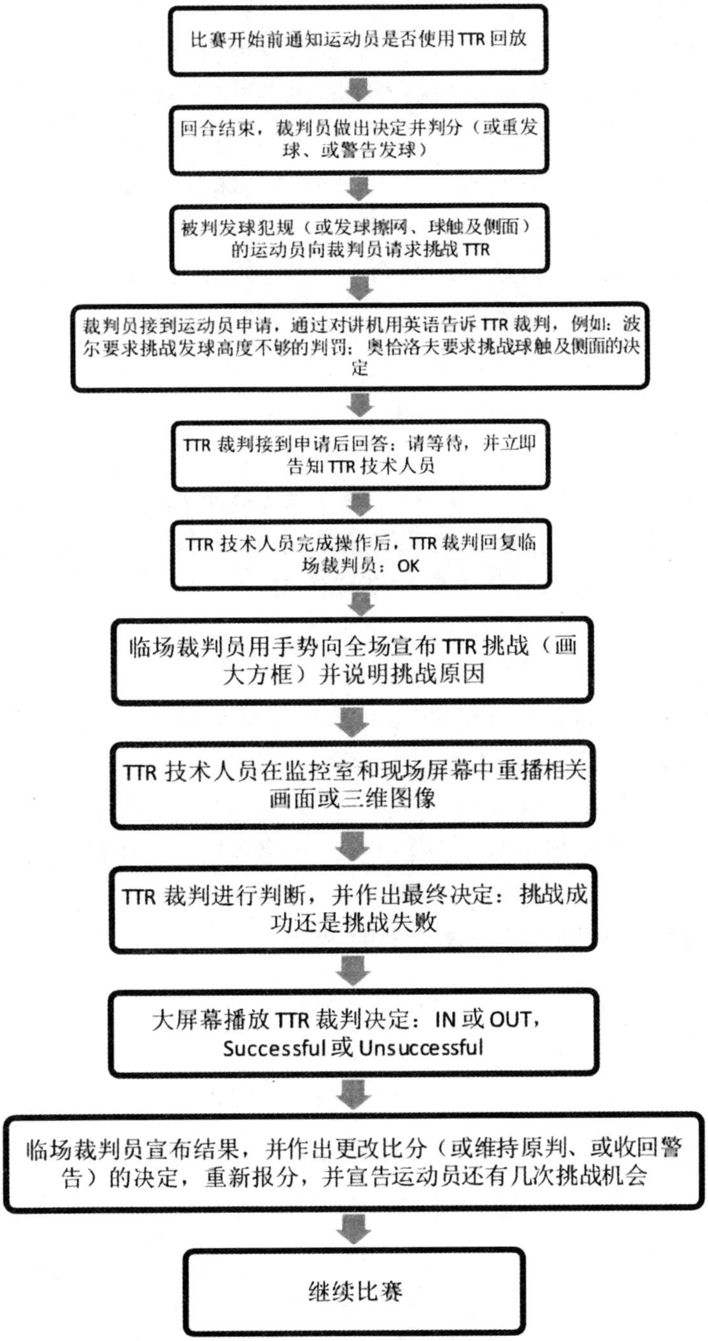

图 3-7　鹰眼系统的流程[①]

① 王榕.乒乓球赛事引入鹰眼系统的研究[J].体育科技文献通报，2022，30（08）：77-79+82.

比如，和其他大球类运动相比，乒乓球运动在判定擦边球时较为复杂，这时候，鹰眼系统的优势和必要性就得到明显体现。当球触及球台边缘时，临场裁判主要依据球触及球台的前后路线轨迹来判断该球是触及比赛台面的上边还是下边。如果球首先是从台面上方越过，则认为还击是合法的；若球是从台面下方上升期触及球台，则几乎肯定球触及的是下边；当球是从高于比赛台面的上方且从台外向台内飞行时，要看球触球台后的飞行方向，如果球触台后仍然向上，则有理由推断球触及了比赛台面，但如果球触及球台后向下，则很可能是触及了下边。

（二）鹰眼系统的不足

鹰眼系统借助电子技术，极大地补充了人眼的"缺陷"，将人眼所不能及的范畴统统记录在内，使比赛更加公正，在技术上更加完善。这无疑为竞技体育的发展起到重要的推动作用。

然而，从另一个层面看，由于鹰眼系统的引入，也会打破原有的某些平衡。比如，它在不同程度上对运动员的心理带来一定的干扰，运动员会因担心鹰眼对自身失误的放大而分神，进而影响正常的发挥。对裁判而言，如果鹰眼能够比自己更加全面、及时、客观地捕捉到比赛中的任一细节，长期下来，会使裁判产生一定的依赖感，那么长此以往是否会对裁判员系统的发展带来不利影响，这些都是应该思考的问题。

三、鹰眼系统引入乒乓球赛事的思考

（一）对运动员的思考

鹰眼系统的引入对于原先仅靠裁判员人为因素判定的情况而言，无疑增加了判决的准确性和公正性。但是对于运动员而言，对技战术实施要求也变得非常苛刻。比如，在发球规则改变的条件下，对运动员发球合法性的判罚非常严苛，在抛球高度、抛球垂直度以及发球遮挡上，运动员的每一个动作都要在鹰眼系统的监督下完美达到标准。这意味着给运动员增加了一重压力，而乒乓球比赛异常激烈，它不仅是对运动员技战术层面上的挑战，同时也是心理、情绪、意志力的较量。比如在鹰眼系统的威慑下，运动员如果过分关注它的存在，那么势必将会分神，而影响了技战术的发挥。因此，引入鹰眼系统后，乒乓球运动员在平日的训练中，要更加注重自身情绪的起伏，以及对自己在比赛中的表现所引起的心理波动，并据此进行有针对性的训练，逐渐做到能够在比赛中自信自然地控制情绪，既不能让消极情绪使应有的技战术水平未能发挥，也不能因过度兴奋而轻敌失误。

（二）对裁判员的思考

鹰眼系统作为体育竞赛中辅助裁决的手段将逐渐成为一种趋势，虽然能够使得判罚具有一致性，但对裁判的执裁是一种挑战，如果裁判在一场比赛出现错误过多，势必影响裁判执裁的权威性。因此鹰眼的引入对裁判的工作提出了更高的要求。

1. 裁判要树立正确的执裁动机

要严格保持执法的公平性，避免任何与运动员和教练员有关的、可能对执法的公正性产生怀疑的联系。特别是引入鹰眼后，对鹰眼裁判员的公正问题是一种挑战。本次赛事的鹰眼裁判员是由蓝牌裁判轮流担任，鹰眼裁判员通过鹰眼回放系统基本上掌握了一些运动员的发球特点以及是否合法等信息也有了相应的判罚依据，当轮到该鹰眼裁判员上场执法时，是否能坚持原则，保证公平公正，这是对裁判员临场工作的考验。

2. 裁判要提高自身的业务水平

不仅要加强裁判工作的学习，还要能够了解乒乓球运动技战术的发展和掌握关于场地、器材以及规则的演变等多方面变化的新信息，结合自身裁判工作的实践经验，提高业务水平。

第四章

大众乒乓球健身与发展

当前的乒乓球运动已经发展到极其成熟、高超的水平，是竞技体育中十分重要的球类项目。有数据显示，2022 年全球乒乓球市场规模达 8.96 亿元（人民币）。[①] 其中，有一大部分是由大众乒乓球健身市场贡献的。本章将对大众乒乓球展开研究，包括大众乒乓球健身理论指导、大众乒乓球健身的医务监督、全民健身视域下大众乒乓球的发展对策，以及大众乒乓球与竞技乒乓球的协同发展。

① 贝哲斯咨询：https：//www.shangyexinzhi.com/article/7887377.html

第一节　大众乒乓球健身理论指导

一、乒乓球健身原则

（一）分别对待原则

乒乓球是一项具有广泛适应性的运动项目，其适用人群几乎包含了各个年龄段、性别、身高的人群，因此是一项非常适合大众的健身娱乐项目。每个参与者都可以根据自身的身体条件和技术水平，以及自然环境、经济条件等进行相应的乒乓球锻炼，也正因为此，不同的人具有不同的运动目标，每个参与者的各种条件也不尽相同。那么在开展乒乓球健身运动时，就要遵循分别对待原则，根据自身的主客观条件，安排相适宜的运动时间、运动负荷以及运动难度。这是产生最佳运动效果的重要前提，也是保持运动热情，以及长期坚持的先决条件。

（二）适度性原则

在大众乒乓球健身锻炼中，要把握好适度性原则。只有适度的，才是最好的，并非运动量越大越好，尤其对于基础运动素质一般的普通大众而言，切莫盲目追求过高的运动量。因为对于普通人而言，不能和职业运动员相比，他们的身体素质条件不能承受高强度的训练，无论多么热情乒乓球这项运动，也要适度训练，循序渐进地增加训练负荷和训练难度，要给身体足够的适应时间。适量运动可以增进身体健康，而过度运动反而会不同程度地损伤机体的某些组织。

1. 适度的运动时长

大众健身，一般将运动时间控制在 30 分钟至 1 小时之间比较合适。

运动后感到心情舒畅，轻度疲惫，且运动会对食欲和睡眠都有不同程度的促进作用，经过一晚的充足睡眠后，次日精神饱满。可能伴随有轻度的肌肉酸痛，但不影响正常的生活、学习和工作，这些都是运动适度的表现。

2. 适度的运动负荷

大众在健身过程中，对运动强度的把握也要遵循适度性原则。比如应将运动强度控制在中小强度范围内，即脉搏不要超过 140 次 / 分，呼吸频率 20 ~ 30 次 / 分，能够感觉呼吸加快，但是同时也因此而感到身心舒畅，而不是感到呼吸困难，憋气等。一旦出现大量出汗、心慌、头晕等现象，则应立即减少运动负荷或做放松活动，让身体逐渐恢复平静，加强休息。

（三）持久性原则

大众健身，要想获得较为理想的健身效果，必须持之以恒，秉持持久性原则。运动健身具有明显的积累效应，每一次的锻炼和努力，都会获得相应的成果，只不过并非自己每次都能感受得到这些变化。而只有坚持规律的、适量的运动，才能收获明显的、持久的、有效的成果，即获得稳定的健康水平。相反，如果三天打鱼两天晒网，或者断断续续，锻炼一周，休息一个月，那么运动效果很难累积，同时也会打击运动热情，不利于发展运动技能和提升健康水平。因此，大众乒乓球健身需要具有较强的内驱力，需要参与者自身能够具有自律品质，能够持久地坚持锻炼，才能达到预期的运动健身效果。

（四）运动的渐进性

由于普通大众的健身诉求都是围绕着提高身体素质、丰富生活内容，以及提升生活品质为主要目的，因此，在健身过程中，还应注意做到运动的渐进性。一方面，由于大多数大众的身体素质一般，并不具备良好的力量、速度、耐力等运动基础，因此需要循序渐进地提升运动量和运动难度；另一方面，大众健身要充分考虑到运动的娱乐性和休闲性，因为和竞技运动员不同的是，大众开展乒乓球运动的目的，不是获得超一流的技战术表现，他们只需要达到运动锻炼和娱乐社交的目的即可，如果一开始就安排高强度、高难度的训练内容，那么很可能会吓退大部分人。因此，需要采取渐进性原则，让每个人从自己的最近发展区起步，然后逐渐增加运动的难度和负荷，这样既能保护他们的运动热情，也能不断调动他们的好奇心和新鲜感，从而有利于促进运动的长期进行。

二、乒乓球健身锻炼方法

大众选择乒乓球作为自己锻炼身体的方式时，要注意方法的科学性与合理性。以下是几个比较常见且重要的锻炼方法。

（一）重复锻炼法

重复是学习和锻炼最基本也是最重要的方法，一次、两次的体育锻炼，并不能产生实质性的改变，唯有长期地、经年累月地重复进行，才能让身体产生肌肉记忆，使身体的各项机能不断加强和提升，从而使运动水平也不断提高。

重复锻炼法的核心，是科学控制负荷的有效价值范围，并据此调整重复次数。

（二）循环锻炼法

循环锻炼法是指，由几个不同的练习点组成的一套练习。当完成一个练习点之后，那么接着去完成下一个练习点，以此类推，从一个练习点到下一个练习点直至完成所有练习点之后，形成一次循环练习。循环练习法的特点是轻松有趣，不会让练习者产生枯燥乏味的感觉，因此比较适合耐心较差，或者年龄较小的青少年儿童作为主要的练习方法。

（三）比赛锻炼法

普通大众进行乒乓球健身项目，对过程的娱乐性要求要明显高于对结果的追求。当然，他们开展乒乓球健身锻炼的目的是提升身体的各项素质和机能，但是，同时也希望在锻炼中能享受乒乓球运动所带来的愉悦感。而如果仅仅靠重复锻炼或者循环锻炼等以提高运动技能为主要目的的话，那么必然会损失乒乓球这项运动最精彩的部分。因此，对大众健身而言，提高技能纵然重要，但是如果能不时地以比赛的形式进行锻炼，那么既能提高参与者的球技，还能让他们在比赛中充分地享受乒乓球所带来的刺激和愉悦，从而使他们保持锻炼的热情，也激发了要进一步提升运动技能的决心。

（四）游戏锻炼法

实际上，游戏锻炼法是大众乒乓球锻炼中最常见、采用人数最多的一种锻炼方法。因为游戏锻炼法短小精悍，任何人都可以采用，而且对设施设备的要求也极为简单，几乎随时随地都可以进行，因此不仅让锻炼的人毫无压力，而且还倍感轻松有趣，在不知不觉间就实现了锻炼和娱乐的双重目的。无论是对于成年人，还是儿童，游戏锻炼法都是最初开始进行乒乓球锻炼的最佳手段，能够有效培养对乒乓球的兴趣，促进人们的锻炼热情常新常在。

三、乒乓球健身的体能储备

（一）力量锻炼

1. 上肢力量锻炼

（1）徒手挥拍练习。

（2）持拍做连续推球练习，可逐渐提高推球的速度以提高练习的难度。

（3）持拍手进行掷远和扣球击远练习，可以在适当距离处设定一个靶标进行掷远练习。

（4）普通的球拍重量较轻，因此可以持铁制球拍做各种挥拍动作的练习。

（5）当适应了铁制球拍的重量后，还可以持轻哑铃做各种挥拍动作、变速削球动作等。

（6）持轻哑铃连续模仿击球动作练习。
（7）持轻哑铃做变速模仿正手扣杀练习。
（8）持轻哑铃做变速模仿拉弧圈球练习。
（9）反握哑铃弯举，同时做内旋动作。

2. 下肢力量锻炼

（1）下肢力量的锻炼可以增强乒乓球练习者整体的协调性，以及在场上的快速移动能力。一般都是通过杠铃负重练习来增强下肢力量素质。

①练习者肩上持杠铃，呈半蹲姿势，保持10 ~ 30秒以进行静力训练；

②练习者肩上持杠铃半蹲，并做侧滑步行进练习；

③练习者肩上持杠铃下蹲，做慢速动力训练，用时6秒 ~ 6秒 ~ 6秒；

④练习者肩上持杠铃蹲起，做慢速动力训练，用时6秒 ~ 6秒 ~ 6秒等。

（2）练习者用杠铃负重，做侧跨步行进、左右跨跳、快速箭步上挺、提踵、双脚前后跳或左右跳、侧向交叉步行进等练习。

（二）速度锻炼

乒乓球是一项以快速攻防为主要特点的对抗性球类运动，因此掌握乒乓球技能必须具有较好的速度能力。在进行速度锻炼时，又分为动作速度练习、反应速度练习和移动速度练习三种。

1. 动作速度

动作速度包括手臂挥拍速度、跨步速度和跑动速度等肢体的快速启动、急停、转向能力。

（1）限定在1分钟内，练习者要分别完成高频跨步练习、挥拍练习、向前向后的快速跑动练习。每个动作都练习1分钟后为1组，一共完成5组。

（2）限定在1分钟内，练习者高频完成立卧撑，十字变向跑，挺同伴口做急停练习，迅速转体练习，以及各种躲闪练习等。

2. 反应速度

（1）根据信号迅速起动做侧身步、跨步、交叉步等动作练习，主要练习的是听到信号后的快速反应能力，最好能够结伴练习，一人练习时，一人记录练习者的反应时间，并努力不断缩短反应时间。

（2）两人配合做多球接发球练习。协助练习者通过变化发球动作、角度、旋转度和发球姿势等，训练练习者根据不同情况做出快速反应的能力。

3. 移动速度

移动速度主要是训练练习者接发球时，下肢在场上的各种移动步法，练习时可单纯练习步法，也可以配合接发球练习。

（1）左右移动的步法练习。

（2）左右跨跳的步法练习。

（3）推、侧、扑步法练习。

（4）交叉步移动练习。

（5）长短球交替的步法练习。

（6）两个同伴同时发多球练习，对于具有一定基础的练习者提高步法移动速度具有较好的效果。

（三）耐力锻炼

乒乓球也是一项对运动员耐力具有一定要求的运动项目，在比赛中，运动员需时刻保持高度紧张，如果耐力不足，那么很难以正常水平完成高强度的一场比赛。

（1）3 分钟交叉步练习（在两端线之间）。

（2）3 分钟推、侧、扑步法训练，徒手或用多球练习。

（3）3 分钟花样跳绳：正摇、反摇、交叉摇、（双摇跳 50 次＋单摇跳 50 次）×5、（双摇跳 30 次＋单摇跳 50 次）×5 等练习。

（4）800 ~ 1 500 米变速跑。

（四）灵敏锻炼

（1）2 人一组进行多球练习。

（2）3 人一组，分两队各站在球台一端，进行类似双打的三人轮换击球练习。

（3）4 人一组，沿球台跑动，轮流击球。在限定时间内，两组可进行击球板数的比赛，击球板数多者为胜。

（4）传球抢截游戏。

（5）限定采用各种不同步法，托球进行“∞”字跑的接力游戏。

（6）追逐游戏。追人者手持球拍托球，在限定的范围内追逐别人，将乒乓球击到被追者身体算捉住了被追者。然后交换角色继续进行游戏。

第二节　大众乒乓球健身的医务监督

关于大众乒乓球健身的医务监督，是开展大众乒乓球健身活动的重要组成部分。对于大众健身领域而言，因为缺乏相应的专业人员指导和监护，因此，每一个参与者都应该自觉地加强对自身和同伴的医务监督。其中包括能够对自身的基本体征有较为准确的把握，如能够感知自身血压心跳、体温机能正常与否，能够采用简单的手段测量和检测自身的血糖、脉搏最大摄氧量等身体，以及学会一些及时、简单的处理方法，以免一旦出现严重损伤因没有必要的医务知识和技巧，延误了治疗。

一、常见损伤的治疗方法

（一）肩关节脱位

在乒乓球运动中，对肩部的压力较大，因此肩关节的损失是比较突出的一种常见运动损伤。大众健身由于都是在非专业指导下进行的,因此很容易发生一些运动损伤,对于肩关节而言,一些少年儿童练习者比较容易出现肩关节脱位问题。

这是由于在训练中,有时候会受到间接暴力或向后跌倒时,肱骨头后方受到向前的暴力撞击,此时就可能造成肩关节脱位。治疗肩关节脱位的第一原则是尽早复位,现在大都采用 Hippocrates 复位法。患者仰卧,腋窝处垫棉垫,协助治疗者站在患者旁,用足跟蹬在患者腋下靠胸壁处,双手牵引患肢腕部,以足跟将腋部顶住进行对抗牵引,持续均匀用力,一段时间后逐渐放松肩部肌肉,此时上肢内收、内旋,肱骨头可经前方关节囊的破口滑入肩关节盂内,此时常可感到肱骨头复位的滑动感和复位的响声。然后需拍片以确定肱骨头已复位。复位后要用绷带将患臂固定在胸壁,等关节囊及周围软组织愈合后再开始活动。

(二)肱骨骨折

肱骨是人体上肢最大的一根管状骨,维持上肢的一切重要活动,与肩胛骨一起完成上肢的绝大部分活动。一般情况下,只有在强烈的暴力冲击下,才会导致肱骨骨折,这种情况一旦发生,需保护患处不会二次受伤的条件下,立即送医。有时候肱骨骨折还会合并桡神经损伤,应先进行 2 ~ 3 个月的观察。一般来说,神经挫伤都能逐渐得到恢复。

(三)肩袖损伤

肩袖损伤是指肩袖肌腱和肩峰下滑囊的创伤性炎症。在治疗方面,早期以热敷、休息为主,同时配合一些抗炎药、止痛药。当肩袖受到损伤时,应停止锻炼,尤其在急性炎症期,不要再迫使肩袖用力。应每天做一些轻缓的被动练习,以免关节僵硬。急性炎症缓解后应增加带阻力的力量性练习。

二、常见损伤的急救方式

在训练中除了要掌握常见损伤的治疗方法外,还要在竞技体育后备人才出现损伤后进行急救处理,尽可能将损伤降到最低。下面再列举几个不同损伤的急救处理方式。

（一）外出血的急救

大众在进行乒乓球健身运动的过程中，运动损伤多集中关节扭伤或者肌肉拉伤等情况。但有少数时候也会出现擦伤、外出血等损伤。比如不小心滑倒并磕碰到硬物上而导致皮肤受损出血，这种情况一般都采取压迫止血法，不同部位出血，压迫不同位置的血管，待血流减缓后可及时用消毒药水消杀伤口，如果出血严重应及时就医。

（二）骨折的急救

大众乒乓球健身活动一般不会引发严重的骨折损伤，但是仍然要对骨折保持时刻的警惕和预防。要掌握基本的保护患处的知识，以防二次受伤。有时候，情况严重的还会伴随骨折端戳出伤口，此时更应保护患处不要被感染，也不要急于复位，而是立即送医或叫救护车。

（三）软组织扭伤

乒乓球运动是一项全身性的体育运动，而且常常伴随激烈的挥拍、跨步等活动，如果热身不到位或者稍有不慎很容易发生软组织损伤，并伴随剧烈疼痛。此时应保护患处，并尽量高举，用冷水冷敷以消肿，然后静养休息。

第三节　全民健身视域下大众乒乓球的发展对策

在全民健身背景下，国家极力发展大众健身运动，其中乒乓球在我国具有独特的优势。一方面，乒乓球是我国的“国球”，在竞技体育领域一直都代表着国际最高水平，因此在社会上具有良好的群众基础，普通大众对乒乓球具有良好的情感基础；另一方面，乒乓球具有广泛的适应性，对参与者、设备、场地等要求非常简单，可以轻易地开展健身活动，因此，在我国发展大众乒乓球运动具有诸多优势条件。下面具体分析我国大众乒乓球运动在全民健身背景下的科学发展策略。

一、增强人民大众的健康意识

开展全民健身活动的重要前提，是大多数人都具有较好的健康意识，能够将体育运动或健身活动作为自己生活中的一项常规内容，养成规律进行体育活动的习惯，并愿意克服困难等，这些都是大众开展健身活动的重要前提。通过加强体育和健康的宣传，推广一些轻松的、适合普通大众参与的乒乓球活动，让更多的人能够接触和认识到乒乓球的魅力等，都是提升大众对乒乓球运动兴趣的重要途径。

二、改善乒乓球运动的硬件设施

乒乓球运动是一项对硬件设施要求较少的运动项目，只要有一个乒乓球桌，两把球拍就可以进行。它的经济成本十分有限，甚至在自家的院子里，或者空间允许的室内都可以进行。因此，只要大家对乒乓球运动有足够的重视和兴趣，那么对于社区、学校甚至家庭而言，置办相应的乒乓球硬件设施是一件十分容易的事情。

但是现代人对生活品质的要求不断提高，这体现在方方面面，对运动设施的要求也在不断提升，因此，应尽量改善现有的乒乓球运动硬件设施，提高品质，使人们更有热情、更有动力地开展乒乓球运动。

（一）社区的大众健身设施建设

全民健身的根基是社会大众，因此，政府部门应重视对社区体育经费的管理和规划，在广大城市和农村地区，设立乒乓球专用的场地以及乒乓球台等设施，从而促进人们开展乒乓球的健身活动。需要注意的是，社区在建立这些设施的同时，也要组织相应的人员进行日常维护和管理，以保证其能够长期正常使用。

（二）联合社区、企业和学校共同建设

为了将资源的最大化利用，还可以倡导学校、社区以及企业联合共建体育场馆设施，实现资源共享，优势互补。这是未来社区体育发展的一大趋势，在现有资源的基础上，扩大人们的体育健身资源范围，从而使健身活动更加便利。以乒乓球为代表的适合大众开展的健身运动，适合人群广，且不需要大量的经费，可以在社区、企业和学校大量的布局，让人们实现只要带着一副乒乓球拍和乒乓球，就可以随时随地开始一场乒乓球比赛。这对丰富大众的体育活动内容具有重要的影响。

三、加强学校的乒乓球普及教育

在学校大量开展健康意识教育和体育活动的培训，是提升全面健身质量的重要举措。学校是为国家和社会培育未来人才的重要场所，为了提升全民身体素质，积极贯彻全民健身活动，学校应加强对学生进行有目的、有计划、有组织的体育知识、技能教育，努力促进学生提高自身的身体素质。

球类运动因为充满趣味性和对抗性，一直都受到学生们的喜爱。而且乒乓球运动对学生的年龄、身高、体重等都没有特殊的要求，只要喜欢，就可以进行乒乓球锻炼，可以单独进行，也可以和同学结伴进行。

总之，学校应加强对学生的乒乓球普及教育，培养学生对乒乓球的兴趣，早日养成规律锻炼的好习惯，提升学生的体质水平。

（一）培养学校的乒乓球骨干

学校开展乒乓球运动首先需要营造一个合适的氛围。在硬件设施上，学校应设有足够的球桌，方便大多数学生能够及时开展乒乓球运动。与此同时，要想形成一定的乒乓球氛围，还需要培育一些乒乓球优秀学生运动员，建立学校的球队，定期开展乒乓球比赛等。

（二）积极调整乒乓球授课比重

乒乓球教学是我国大多数学校的常设体育教学项目，具有丰富的教学经验。然而,近些年来由于各种新兴体育项目的不断推出,一些传统的体育教学项目和内容不可避免地受到影响。对此,为了加强乒乓球运动的普及教育,学校应有步骤、有计划地积极调整乒乓球的授课比重,并改善现有的教学方式,使之更加符合学生们的期待和学习热情。

第四节　大众乒乓球与竞技乒乓球的协同发展

尽管大众乒乓球与竞技乒乓球在形式上具有非常大的区别,但是大众乒乓球运动是竞技乒乓球的基础,竞技乒乓球运动的良好发展又会促进大众乒乓球运动的发展,两者具有重要的协同作用。为了全面、彻底地发展我国的乒乓球运动,还应努力将大众乒乓球与竞技乒乓球运动进行协同发展,从而寻求更多元、更稳健的发展道路。

一、大众乒乓球是竞技乒乓球发展的基础

(一)大众乒乓球是竞技乒乓球发展的保证

我国体育事业发展的终极目标是提升全民健康水平,只有实现大众体育的普及化、全面化发展,才能推动竞技体育进一步发展,攀登世界竞技体育新高峰。如果能广泛、长期地开展大众乒乓球运动,对竞技乒乓球运动的发展也具有促进作用。

(二)大众乒乓球为竞技乒乓球培育储备人才

大众乒乓球因受到竞技乒乓球的激励和感染,而燃起积极高涨的体育热情,其中有一部分人对乒乓球产生强烈的兴趣,并自发地进行训练,不仅自身的身体素质和乒乓球技战术得到提高,还带动了周围的人参与进来。因此,对培养乒乓球竞技人才发挥了重要的作用。正是因为

大众的广泛参与，形成了良好的乒乓球运动氛围，于是青少年群体从小耳濡目染，很自然地就对乒乓球产生兴趣，其中不乏一些有天赋的乒乓球人才，有机会发展成为职业运动员，并为国家赢得荣誉。

二、竞技乒乓球引领大众乒乓球的发展

当今时代，竞技体育已经发展得非常成熟，在一些体育发达国家，竞技体育经济已经成为国家GDP的重要支柱，也成为国家精神文明建设的重要组成，很多体育明星在社会上具有强大的号召力，尤其对青少年群体，具有重要的价值引领的作用，激励青少年积极投入体育训练，增强体质。由此可见，竞技体育对大众体育具有重要的引领作用。

在乒乓球领域也是同样的道理，竞技乒乓球的成功，会对大众乒乓球运动起到引领与推进的作用，如果竞技乒乓球发展强势，那么大众乒乓球的发展也必然会得到相应的带动，从而让两者之间产生积极的正向促进作用。

（一）竞技体育推动大众体育发展

竞技体育对大众体育具有强大的号召力和影响力，其中最典型的例子就是奥运会、世界杯等这些世界顶级运动赛事。通常，在每一届奥运会期间，在世界大部分国家都会兴起一股强劲的体育热情。而每届的足球世界杯期间，几乎会引发许多现象级的社会体育事件。球迷们不分国籍、民族和语言的区别，他们一起为自己支持的球队摇旗呐喊、熬夜观赛。尽管乒乓球的赛事没有奥运会或足球世界杯那样的全球影响力，但是仍然会在世界上掀起强烈的反响，激发大众积极参加乒乓球运动，提升乒乓球技能等，这些都是竞技体育对大众体育的推动作用的体现。

（二）竞技体育规范大众体育的活动内容

大众体育受到竞技体育的影响和推动，在具体的实践中，还会以竞技体育为榜样，进行效仿，将竞技体育的规则、管理等作为大众体育活动的标准。可以说，竞技体育为大众体育提供了技术规范和管理模式，起到重要的示范作用。

在大众体育活动中，由于没有专业教练和裁判员的指导，大多数人都是以竞技体育的模式作为自己训练和比赛的样本，尽管在技战术方面无法与专业运动员相比，但是这并不影响大众参与体育运动的热情，他们同样认真训练，严格按照正规比赛的标准要求自己。这在一定程度上对大众体育活动的组织和内容形成规范作用。

三、大众乒乓球与竞技乒乓球协同发展的路径

在协同机制理论下，协同发展无外乎战略协调、运作协调和资源协同，下面将深入分析这几种协调路径的具体情况。

（一）战略协同路径

竞技乒乓球和大众健身乒乓球的协调发展，首先要从战略层面开始布局。这里的战略协同具体是指从整体性、全局性、长远性和系统性的角度着手，将乒乓球运动具有不同发展目标和发展功能的两个重要分支进行有机整合，这对持续发展我国的乒乓球运动具有决定性的意义。竞技乒乓球是我国竞技体育中最具代表性的运动之一，可以说凝聚着全中国人民对竞技体育的自信心和民族荣誉感，因此，竞技乒乓球在我国竞技体育发展战略中，一直占据着不可替代的位置。

乒乓球被誉为我国的“国球”，由此可见，它在我国社会上拥有着特殊的地位。大众对乒乓球的情感是强烈的、紧密的甚至是不可或缺的。一方面，由于我国培育出众多优秀的乒乓球运动员，他们一次次在国际竞技舞台上为国家和人民赢得了无上的荣誉。另一方面，由于乒乓球具有广泛性和易掌握的特性，因此，一直是我国大众健身休闲娱乐的重要选择。可以说，人们无论在情感上还是生活上，都与乒乓球有着深厚的链接。

而如果能从战略上将竞技乒乓球和大众健身乒乓球进行协同发展，那么必然会产生强大的势能，对乒乓球的长久发展具有深远意义。

1. 加强顶层设计

就我国的国家体制特点而言，在战略上协同发展竞技乒乓球运动和大众健身乒乓球运动具有明显的制度优势条件。国家可以通过顶层设计，将竞技乒乓球和大众健身乒乓球完美地进行协同规划，彼此优势互

补，形成发展联盟，获得 1+1 ≥ 2 的效果。

首先，通过科学的顶层设计，能够巧妙地解决发展政策脱节和市场竞争冲突等现实问题，因此从根本上避免了阻碍发展的最大隐患。只要保证顶层设计的科学性和合理性，那么就可以将原本并无多大关联的两个发展方向形成某种合力，并协调了不同部门之间的利益关系，实现了政策的整体效应。通过顶层设计，能够将各方的价值都充分地体现，同时也将各方的利益谋得最大化的发展，将利益得到合理分配。

其次，从功能的角度来看，顶层设计就是为了确立二者的功能以及空间结构，通过主要领域的资源流动、技术互补等与多部门联合合作，根据现实条件，不断调整二者的合理布局，从而实现协同发展、融合发展和可持续发展，达到合作共赢的效果。

2. 重视基层战略的创新

仅有科学的顶层设计还不够，因为一切事物的持续、有力地发展，都需要背后的创新来推动。顶层设计决定了宏观层面的发展方向，然而要真正的落实，还需要在微观上做到真正的创新。

（二）运作协同路径

运作协同就是指在乒乓球竞技运动与乒乓球大众健身的基本运行过程中建立良好的关系，使二者相互协调和相互促进。乒乓球竞技运动与乒乓球大众健身的协同发展受到我国经济环境的影响，协同好二者运行过程中的基础因素对二者的协调发展具有重要意义。运作协同具体包括下列三个方面的内容。

1. 运作管理的协同

竞技乒乓球与大众健身乒乓球运动在运动管理方面，可以实现协同效应。运作协同系统的良好发展是建立运作协同的主要路径。通过科学合理的设计与高效的管理工作，能够让两个独立发展的系统产生某种合作，减少人力、物力的重复性浪费，从而提高效率。

另外，通过系统的协同作用，可以使各个职能部门专注于自身优势，在更大的系统中得到充分发挥，使系统能够高质量地完成协同配合工作，减少不必要的程序冗杂，促使系统更加健康、快速的发展。

2. 社会环境的协同

在社会环境的协同方面，要为乒乓球运动竞技与乒乓球大众健身两个系统的发展提供公平的体育环境。要实现体育强国的发展目标，首先要把发展的根本点放在广大人民群众的利益上，尊重社会大众尤其是社会弱势群体的权利，让普通群众积极加入全民健身。此外，国家在乒乓球政策支持中给竞技乒乓球与大众乒乓球提供平等的条件，在财政投入方面加大对乒乓球健身、全民健身的投入力度，并重视乒乓球人才投入，加强乒乓球健身场馆建设，从而为社会大众提供更多乒乓球基础设施，满足大众的乒乓球健身需求。总之，要通过一系列体育环境的建设和改革来促进乒乓球竞技运动与乒乓球大众健身在社会公平的条件下实现可持续发展。

（三）资源协同路径

乒乓球竞技运动与乒乓球大众健身的资源协同指的是，在自组织系统发展的基础上，对二者的现存资源实施协同运作，进而产生协同效应。通过资源的协同作用可以调整和平衡二者之间的资源差距，使物质资源、信息资源、技术资源、人才资源等各种资源利用达到最优状态，取得最佳效果。

1. 资源互补

互补是指乒乓球竞技运动与乒乓球大众健身这两个系统之间将各自的优势资源提供给对方，取长补短，以增加两个系统的竞争力。在资源协调管理中，竞技系统应该加强与健身系统的合作，用对方的优势来弥补自己的劣势，如竞技系统拥有丰富的体育场地设施、专业的人才、标准的训练模式、先进的训练方法等，而这些是健身系统中较为缺少的部分。健身系统拥有广泛的社会基础、社会人员及社会资金，这也是竞技系统所缺少的，因此二者可以相互合作，填补短缺，使各方面的资源利用更高效。

2. 资源共享

资源共享是指在乒乓球竞技运动与乒乓球大众健身之间进行资源

沟通与交换，学会资源共享、资源重复利用，以防止资源浪费。竞技乒乓球以竞争性、比赛性为主要特点，对硬件设施的要求很高，对乒乓球场馆的修建其实就是乒乓球资源的再扩大，但是场馆建设后这是一个可以长期利用的资源，要避免闲置、浪费，这时就需要与乒乓球健身系统进行资源共享，从而提高场地设施资源的使用率，并吸收社会的资金资源。

第五章

校园乒乓球教学与发展

校园乒乓球的教学是发展乒乓球运动以及持续提升我国乒乓球竞技实力的重要保障。本章将从校园乒乓球教学理论、校园乒乓球教学现状与改革创新、课程思政融入乒乓球教学的研究、校园乒乓球文化建设以及高校高水平乒乓球运动队建设几个方面展开研究。

第一节　校园乒乓球教学理论

校园乒乓球教学在我国的体育教学中，具有非常重要的位置。在长期的教学工作中，积累了大量的宝贵教学经验，这些对指导校园乒乓球教学的发展具有重要的意义。

一、乒乓球运动教学的基本原则

（一）兴趣主导原则

无论哪一种教学，都应该以培养学生的兴趣为首要目标。因为对于学习而言，最好的老师永远是兴趣，在强烈兴趣的指引下，学习兴趣是学生进行学习的重要前提，如果学生对教学课程没有兴趣，那么再好的教师、再好的教学设计和安排都不会收到良好的教学效果。

乒乓球教学应最大限度地发挥学生参与乒乓球运动的积极性，使学生更自觉、主动地完成乒乓球运动的学习。

兴趣主导教学原则具体要求如下。

（1）重视学生正确体育价值观的培养。通过各种教育学、心理学的手段，进行乒乓球运动学练的目的性教育，逐步树立起自觉学习和参与乒乓球运动的态度和动机。

（2）教学过程中，对学生在乒乓球运动方面的兴趣进行着重的培养，然后再在教学实践中有针对性地进行学习，并在乒乓球的教学过程中始终保持和延续下去。

（3）满足学生的合理需要。在乒乓球教学过程中，丰富教学内容，选用多样化的教学方法，关心学生的生活，尊重学生，满足学生学习乒乓球的各方面需求。同时，重视教学安全，打消学生的各种顾虑。

（4）丰富教学内容。教师应在全面了解学生兴趣爱好的基础上，根据学生个体的不同兴趣，有针对性地选择安排适宜的乒乓球课程教学内容，以最大限度地吸引学生的学习、参与兴趣。

（5）丰富教学方法，注意运用各种符合不同年龄特征的教学手段，激发他们参加乒乓球运动训练兴趣。在初期训练时应以游戏和玩耍的形式进行全面训练，调动学生对乒乓球学练的积极性，进而使学生对乒乓球运动的兴趣转化为执着的热爱。

（6）精心设计教学计划方案，以激发学生兴趣为前提，并引导学生的兴趣向着正确的方向发展。

（7）随着乒乓球课程教学的深入，教师还要善于捕捉时机，因势利导，进一步强化学生的兴趣。

（8）教师应做好表率作用。教师应善于说服教育，并发挥表率作用，为人师表、做好榜样，潜移默化地影响学生参与乒乓球运动的学练。

（二）学生主体原则

学生是教学活动的主体，任何一门学科的教学都应该坚持以学生为主体的教学原则，乒乓球课程教学也不例外。乒乓球运动教学模式、方法、内容等的选择都应充分考虑学生的需要和特点。

学生主体原则具体要求如下。

（1）转变乒乓球课程教学观念。乒乓球课程教学要突出“学生主体”，就必须树立将学生作为教学主体的体育教学观念，在乒乓球教学各项活动的安排过程中，充分围绕学生展开教学设计。

（2）在乒乓球教学实践中科学贯彻以学生为主体的教学理念，充分调动学生乒乓球学习的积极性与主动性，使学生能主动参与乒乓球学习，积极培养学生完成各种学习任务。

（3）教师要启发引导学生主动学习，使学生能够自主发现、解决问题。

（4）发挥教师的主导作用。“发挥教师主导性”与“体现学生主体性”，二者并不矛盾。教师应充分认识到自己在乒乓球运动教学中的主导地位，重视对学生的科学引导，使学生少走弯路、提高学习效率。教师要善于引导、有效引导。[①]

（5）明确学习目的。在乒乓球运动教学中，教师必须要让学生明确学习目的，并能朝着学习目的积极努力、扎实学习，刻苦训练。

（6）建立和谐师生关系。和谐的师生关系有助于促进学校乒乓球教学活动的顺利开展。建立平等的师生关系，有助于维持良好的乒乓球运动学、训环境。

（三）注重实效原则

实效性原则，是指乒乓球运动教学应解决好教学重点和难点，切实提高学生学习效率、提高教学质量和效果。

注重实效教学原则具体要求如下。

（1）坚持唯物辩证法。在学校乒乓球教学实践中，要尊重客观实际，各项教学活动的安排都要做到从实际出发，不能脱离乒乓球教学实际条件、环境、规律、特点而盲目开展和组织教学。

（2）科学制定教学计划。在乒乓球运动教学实践中，教师应合理安排计划内容，重视教学效果的达成。

（3）选择合理教学方法。在乒乓球教学中，要深入研究教材和教法，充分利用现代化的教学方法和手段，精讲多练，提高乒乓球教学质量。

（4）重视教学创新。创新是体育教学发展与改革的重点，乒乓球运动必须重视教学创新，包括教学内容、教学方法、教学模式等多方面的创新。

（四）循序渐进原则

认知原理和技能发展原理指出，学习过程是一个逐渐深入的过程，不能一步到位，要循序渐进。具体来说，就是由简到繁、由易到难、由已知到未知的逐步深化。循序渐进原则是乒乓球课程教学的一个基本教学原则，具体是指教学要有序安排，对乒乓球教学中的各个要素的安排要做到由简单到复杂、由低级到高级、由单一到组合。

循序渐进教学原则具体要求如下。

---

① 彭道林．试论教学原则 [J]. 湖南师范大学教育科学学报，2016（1）15.

（1）根据教学任务和学生的特点，制订教学方案。这样可以为顺利开展乒乓球课程教学工作提供有力保证。

（2）合理选用教学内容。乒乓球运动教学过程应符合乒乓球运动发展规律，教学内容的安排应由易到难、由简到繁；训练的时间和量应逐步提高。

（3）科学安排乒乓球课程教学内容的逻辑关系，将每次课、每学期的内容和教法都前后衔接起来，以获得逐步提高，从而使前一个内容的学习为下一个内容的学习作好铺垫。

（4）科学安排教学阶段。在乒乓球运动实践课的教学中，要根据乒乓球技战术规律和特点，从单一到组合、从泛化到分化再到自动化，科学安排各阶段教学。

（5）合理安排运动负荷。一方面，由于机体适应某种生理负荷需要一定的时间，因此生理负荷是需要循序渐进地提高的。乒乓球运动训练中应逐步增加运动负荷。通常情况下为波浪式、有节奏地逐步提高学生的生理负荷，不要一次性安排大强度的运动负荷。另一方面，运动负荷应与学生的生理和心理特点相符。由于不同学生参与乒乓球的经验不同、身体素质也各不相同，因此，要切实结合学生特点合理安排运动负荷。

二、乒乓球运动教学的基本方法

（一）语言教学法

1. 讲解教学法

讲解教学法，是指教师通过语言讲解，来使学生了解、认识和理解乒乓球运动技战术的要点、规律、构成等的教学方法。讲解教学法是乒乓球运动教学常用方法。

在乒乓球教学实践中，教师运用讲解法应注意以下几点。

（1）讲解要明确。乒乓球运动教学中，教师对于乒乓球运动教学内容的讲解必须要有明确的目的，不能漫无目的的讲解，以免让学生抓不住重点、要点。

（2）讲解要正确。任何教学内容的讲解，都应以正确性为前提，错误的教学内容的传授会影响教学进度，是误人子弟。如错误技术动作讲解可能导致学生在实操过程中的受伤。

（3）讲解要生动。生动的教学讲解有助于调动学生的乒乓球学练的积极性。讲解过程中，教师应重视对技术动作的形象化描绘，可以适当加入肢体语言帮助学生理解，以加速学生的认知。

（4）讲解要有启发性。教学是一个"授之以鱼不如授人以渔"的过程。乒乓球教学中，教师应善于运用对比、类比、提问等方式进行启发性教学，使学生举一反三，触类旁通、学以致用。

（5）重视讲解内容的前后关联性。一些知识体系和动作技术是具有内在联系的，因此，教师必须善于借助于学生已经接触过的事物或已经学过的运动技术与教学内容产生联系，以便于学生更好地理解动作。

（6）讲解注意时机与效果，以免做无用功。

2. 口头评价法

口头评价是一种乒乓球运动教学中重要的语言方法，多用于乒乓球运动实践课的教学，具体是指在学生的技术动作学练中，随堂做出简要测评和评价。

乒乓球教学实践中，教师通常运用的口头评价可分为两种，一种为积极的评价；另一种则是消极的评价。前者是对学生的正面鼓励，这能够在一定程度上激发学生的积极性，促进教学活动的更好开展；后者则是否定性的评价，这种评价往往指出学生的不足，明确其提高的方法和努力的方向，但注意正确表达，不要打击挫伤学生的学练自信。

3. 口令、指示法

在学校乒乓球教学实践中，需要借助多种口令和指示，这些语言简短有力，能够很好地指导学生进行相应的乒乓球运动技术动作的学练。

（二）直观教学法

1. 示范法

示范法是指教师在学校乒乓球教学中以自身的动作作为乒乓球技

术动作教学的范例，来对学生的训练进行指导的方法。

乒乓球教学中，示范教学法的应用应注意以下几点。

（1）示范目的明确。乒乓球教学中，教师的动作示范要突出乒乓球教学的重点和难点，而且对于技术基础差的学生还应注意适度，要抓住乒乓球技术的关键动作进行示范，以使学生明确学习重点。

（2）示范动作正确、熟练。在乒乓球教学中，教师进行乒乓球技术动作示范时，要严格按照规格要求来完成动作技术，要准确无误地把握好动作的开始、行进方向和结束的时间，以使学生建立正确的动作概念和动作表象。

（3）示范有效，便于学生观察。在学校乒乓球运动教学中，乒乓球技术动作示范应便于学生观察，否则就是无效的示范，学生就不能学习到正确的乒乓球技术动作。

（4）示范、讲解与启发学生思维相结合。通过示范、讲解，充分发挥学生的视觉、听觉、触觉等各感官的作用，促进学生对乒乓球技术动作的理解。此外，通过对技术规律、特点等的讲解，教师还可以引导和发散学生大脑思维，更有效地促进学生对乒乓球技术环节、结构、规律、特点等的理解，使学生的听觉和视觉器官同时利用起来，提高学习效率。

2. 直观教具与模型演示法

教学中，为了使教学更加生动、形象，便于理解，教师通常采用图表、照片和模型等直观方法进行辅助教学，这就是直观教具与模型演示教学法。

乒乓球教学中的直观教具应用和模型颜色，能够使学生更加易于理解相应的技术结构和动作形象。另外，对于一些战术配合，也常采用模型演示的方式进行讲解。

3. 助力与阻力教学法

助力与阻力教学法是指教师在学校乒乓球教学过程中借助外力使学生通过触觉和肌肉的本体感觉体验正确的动作用力时机、用力大小、用力方向、动作时空特征等的教学方法，帮助学生正确掌握技术动作。

4. 多媒体技术法

多媒体技术主要包括电影、幻灯、录像等。在运用电影和电视、录像时，应注意播放内容要与学校乒乓球教学目标相适应，并有机结合电影和电视、录像与讲解示范练习，可以使乒乓球教学更加生动、形象、高效。

（三）完整与分解教学法

1. 完整教学法

完整教学法，是指在乒乓球技术教学中，从动作开始到结束，完整地进行教学和练习的方法。

乒乓球教学中合理运用完整教学法应注意以下几点。

（1）讲解要领后直接运用。乒乓球运动教学过程中，教师通过对乒乓球技术动作的分解讲解后，示范整个技术动作，使学生能流畅地模仿完整技术动作。

（2）强调动作练习重点。对于较为复杂的乒乓球技术动作，教师应明确讲解、示范重点，使学生正确把握技术动作难点。

（3）降低动作练习难度。教学初期，可适当降低动作难度以便于学生完整练习，建立正确动作定型后逐渐增加难度，待学生熟练后再按标准动作进行完整动作学练。

2. 分解教学法

分解教学法适用于复杂和高难乒乓球技术动作教学，具体是指在乒乓球运动教学实践中，教师分解完整的乒乓球技术动作，通过各个阶段、环节的逐个教学，最终使学生掌握整个乒乓球运动技术的教学方法。

乒乓球教学中的分解教学应用应注意以下几点。

（1）合理分解动作。乒乓球技术动作的分解，不能割裂技术环节之间的逻辑关系，要保证乒乓球技术动作各环节的相对完整性。

（2）注意动作技术环节的关联。对乒乓球运动技术进行分解过程中，要注意相连的两个技术动作环节之间的关联，使上一个技术动作的学习为下一个技术动作环节奠定基础，并做好两个技术动作之间的衔接。

（3）技术分解，应以完整的技术概念为基础，否则就不能合理把握整个乒乓球技术动作。

乒乓球教学实践中，完整教学法与分解教学法通常结合在一起使用。

（四）预防与纠错教学法

预防与纠正错误教学法是教师的教学预知、教学实操能力的具体体现。乒乓球教学中，通过已有教学经验，教师分析总结学生学习过程中可能出现的各种错误及其原因，预先采取有效的教学手段，及时、合理地避免学生产生相关错误并及时纠正其教学方法。

乒乓球教学实践中，预防和纠正错误教学法应用要点如下。

（1）强化概念：教师要注意通过加强讲解、示范、对比等强化正确的动作概念，使学生形成正确的动作表象。

（2）信号提示：在学生出现错误动作时，教师充分利用听觉信号，口头信号、视觉信号等提示学生。

（3）降低难度：通过降低动作难度来避免学生由于体能水平不高、紧张心理、认识不足等原因导致的动作错误。

（4）外力帮助：针对学生对用力部位、用力大小、用力方向、用力幅度不清楚出现的错误动作，教师可运用外力干预，帮助学生完成正确技术动作，并体会正确动作。

（五）程序教学法

根据认知规律、技能形成与发展规律，在学校乒乓球运动教学中，将乒乓球运动教学内容分成若干个步骤，依次按照顺序来完成乒乓球运动教学的方法即为程序教学法。

程序教学法在乒乓球教学中的应用应注意以下几点。

（1）教师应合理分解各种教学程序，逐步有序开展教学，使学生科学、有序完成整个乒乓球运动学习。

（2）教师应重视各个教学阶段中学生的学习反馈，重视教学的适当调整。

（六）案例教学法

案例教学法是指教师在教学中通过列举具体的案例帮助学生更清晰、更深刻地认识教学内容的教学方法。

案例教学通常用于乒乓球战术配合和战术组织教学，通过典型案例的讲解分析与实践练习，让学生掌握乒乓球战术的适用情况、应用目的、应用效果。

（七）游戏教学法

游戏教学法是指教师利用组织游戏的方法使学生完成预定教学任务的教学方法。

乒乓球教学初期和每次课教学开始阶段，游戏教学法的应用比较广泛，既适用于初学乒乓球的学生，也适用于职业运动队的运动员学习。该教学方法在学校乒乓球中的应用具体如下。

（1）游戏选择应遵循乒乓球教学本质，游戏规则与要求应合理。

（2）教师应要求全体学生遵守游戏规则，在此基础上，鼓励学生创造创新。

（3）教师应做好游戏评判工作，公开、公平、公正地评价学生在游戏中的表现。

（4）注意游戏安全。

（八）竞赛教学法

竞赛教学法是指教师在组织教学活动时，创造比赛的条件来组织学生进行练习的教学方法。

和游戏法的学练积极性调动、气氛活跃不同，竞赛教学法利于最大限度地促进学生精神引导，注重学生的机体功能能力的发挥，有利于培养学生不畏艰难、积极向上、敢于拼搏等良好的思想意志道德品质。

乒乓球教学中，运用竞赛教学法应注意以下几点。

（1）明确竞赛目的。

（2）合理分组。各对抗队的实力应相当。

（3）客观评价。对竞赛过程中学生完成动作的质量予以客观的评价，并指出改进的方向和方法。

（4）竞赛教学法对学生的乒乓球运动技能水平要求较高，因此应在学生熟练掌握乒乓球技术后开展。

第二节　校园乒乓球教学现状与改革创新

校园乒乓球是发展我国乒乓球运动的重要场所，不仅对国民健康具有重要的意义，而且也影响着乒乓球后备人才的选拔和培养。本节将对我国校园乒乓球教学的基本现状进行全面分析，并对未来的发展提出一些具有可操作性的建议和意见。

一、校园乒乓球教学现状

（一）场地管理和经营体制不健全

随着我国社会经济水平的不断提高，国家对体育教育越来越重视，对未来人才的培养也提出更高的要求。然而，当前我国的乒乓球教学还存在许多问题。比如，学校的体育经费更多地投资在那些热门的体育项目上，尽管乒乓球对运动场地和设施的要求并不高，但由于受重视不足，即使在一、二线大城市或者一些重点院校，也较少兴建专门的乒乓球场馆。进而，对乒乓球组织和机构的管理也不够完善，基本上都处于停滞不前的状态。

场馆设施建设是学校乒乓球运动可持续发展的基础。如果场地设施建设不好，乒乓球运动的开展就会受到限制。乒乓球场地设施的短缺问题也恰恰反映了目前我国校园乒乓球运动开展的瓶颈问题，它已成为制约我国校园乒乓球运动开展的重大障碍。

（二）乒乓球课程设置过于形式化

目前我国的乒乓球课程设置，集中体现为内容单一、教学形式化等问题，这显然给乒乓球教学带来不好的影响，而且长远来看，给国家的后备人才选拔也造成隐患。

比如，现在的乒乓球课程设置几乎还沿用几十年前的教案，教学目标、教学方法和教学内容计划没有改进，已经明显脱离社会发展的节奏。对乒乓球的教学还是强调提高身体素质以及对基本技战术的掌握，考试题目大同小异，无法激发出学生的学习热情，只是被动地以应付考试为主。这显然与“以人为本”“因材施教”的教育理念不符。

在课程设置上，缺乏对学生学习兴趣的引导，还是以教师的教学为主导。整体上，乒乓球教学表现为活力不足，教学效果一般。

（三）乒乓球课外活动贫乏

和一些新潮的运动项目相比，乒乓球的课外活动少之又少。比如街舞、滑板、游泳、滑雪等项目越来越受到学生的追捧，与之相关的课外活动和俱乐部众多，但乒乓球运动却显得十分落寞，不要说在乡村或者一些落后的小城市，即使在一、二线这样体育教学和体育产业都发展较好的地区，也鲜少见到乒乓球相关的机构和组织。久而久之，学生对乒乓球的兴趣会越来越少，甚至会遗忘了乒乓球曾经在中国社会上具有绝对的影响力，曾经为中国赢得无数荣誉。

（四）校领导重视程度不够

许多学校的领导没有真正把校园乒乓球工作重视起来，所以导致经费使用、器材购置、制定计划等事宜难以及时运作到位，这从一定程度上阻碍了学校乒乓球教学的健康发展。

受到社会大环境的影响，由于乒乓球运动较为传统，且市场发展滞后，对年轻学生而言，有太多新奇有趣的运动形式在吸引着他们，而乒乓球运动却毫无竞争力。对于这一现状，学校领导指示被动应对学生的运动兴趣和选择，而自然淘汰那些缺乏活力的传统项目，因此，学校对乒乓球教学的投入非常有限，这无疑对我国校园乒乓球的教学产生消极的影响。

二、校园乒乓球教学的改革创新

（一）教学内容的创新

1. 重视教学内容的价值体现

从传统教学内容选用来看，教学内容确定主要依靠教育工作者在教学内容方面所体现出来的价值取向，也就是说对于教师的教给予了足够的重视。但随着现代体育教学的深化改革，乒乓球运动教学中，在选择具体的教学内容方面，教学内容的价值及其对学生的发展促进应受到更多重视。

2. 重视新教学内容的引入

在创新教育理念指导下，乒乓球教师在教学内容选择方面，应突出学生主体性，教学内容往往都是学生喜欢的，有利于促进学生发展的、富有时代性的。例如，在乒乓球技术教学中，应了解乒乓球的最新发展动态、乒乓球最新技术和战术发展，并将其纳入当下的乒乓球教学中去。

3. 教学内容选择的学科指导

体育教师科学选择乒乓球运动教学内容，应遵循体育学、教育学等学科当中内在的一些规律。此外，在教学内容安排上应重视不同教学内容的逻辑关系处理，教学内容的选用应放到整个阶段、学期的教学中去，统筹兼顾，有机融入。

坚决避免为创新而创新，使得某次乒乓球课的教学内容与其他课次的教学内容格格不入，阻断师生教学的连续性。

（二）教学方法的创新

1. 重视教学方法与高新技术的结合

现代体育教学中，科技进步带来的便捷性让老师在教学方法的选择与使用上带来全新的变化。

当前信息化时代，为教育方法改革创造了新的环境，因此，充分发挥信息技术优势，积极尝试信息技术与乒乓球运动教学的整合。例如，随着计算机技术与互联网技术的快速发展，利用计算机技术开展的交互式教学，使教师搜集资料时更加便捷，大大地节省了时间和精力，同时还能与学生在线沟通，交流；多媒体教学内容的全面展示、随意切换、分解更能使教学中的动作示范更加标准、科学；基于信息技术和微课教学，构建微课教学平台，这都是新的教学方法的应用。

2. 突出教学方法的个性化与民主化

传统乒乓球教学中，教师在教学中具有主导性，而学生是被动的接受者，老师教什么学生学什么。这种教学方法忽视了学生的个体差异性，不利于学生的健康成长和乒乓球技能发展。

新时期，针对教学方法的选择，应注重学生个性的发展，使教学方法更加个性化发展，以充分发挥学生的个人能动性，能让他们成为教学中的主导。

（三）教学模式的创新

1. 更加关注教学模式的情意化

当前乒乓球运动教学中，创新教学模式，应注重学生的智力因素与非智力因素的共同发展。

具体来说，就是在乒乓球教学模式的改革与创新发展过程中，应积极注重学生情感、人格和品德等方面的培养，促进教学模式的情意化发展，在教学过程中增加对学生人文关怀，尊重学生、关爱学生，激发学生乒乓球学习的内在动力。

2. 精细设计针对性教学模式

乒乓球教学应最大限度的实现因材施教,因此,在教学模式创新过程中,应避免教学模式某些环境和程序的模糊化设计,应增强其实践性和可操作性。并且,可进一步细化的教学环境,提供多元化的教学组织和程序选择,以能使教学模式对不同教学层次、不同年龄群体、不同性别的学生群体均能适用。

3. 全面贯彻落实最新教学理念

教学模式创新,应在坚持"健康第一""以人为本""终身体育"教学理念指导下进行,注重学生的"运动参与、运动技能、身体健康、心理健康、社会适应"等方面的发展,应在乒乓球运动教学的各个环节中积极贯彻这一思想。教学模式的设计和构建都应该为贯彻和落实当前的教学理念和思想,实现学生的健康、全面、终身发展服务。

第三节　课程思政融入乒乓球教学的研究

一、乒乓球课程思政实施的必要性

(一)乒乓球课程思政是贯彻国家教育方针的需要

自从课程思政引入我国的体育教学活动中,取得了很好的反响。在乒乓球教学中,课程思政也同样发挥出不可替代的作用。首先,乒乓球是我国竞技体育中最重要的项目之一,引入课程思政教学内容,对国家发展战略、形象以及国民健康都具有深远的意义。其次,在校园乒乓球教学体系中,由于乒乓球的运动特性,它适合各个学龄学生的学习和锻炼,如果能加入课程思政的内容,那么对我国整个的教育事业都将产生显著的影响,对学生世界观、人生观、价值观的养成发挥着重要的作用。

（二）乒乓球课程思政是全面素质教育的必然要求

体育教学中也含有德育教学的部分，作为在我国普及率较高的乒乓球运动，加强课程思政可以全面提升学生的素质水平，这与素质教育指导方针也是相吻合的。加强对学生的素质教育，必然包含德育教育。以往，德育教育仅仅局限于思想政治课，这样单一且枯燥的形式，对于年龄尚小，社会阅历不足的学生而言，所能起到的真实作用是十分有限的。而课程思政教育理念则弥补了这一不足，通过在乒乓球教学中加入课程思政，能够全面发展和提高学生的基本素质并形成健全个性的教育。

例如，在乒乓球教学过程中，学生既能学习到乒乓球的基本技能，还能让意志品质得到锻炼，从而有效地塑造学生的人格品质，能够真正满足素质教育的要求，实现知行合一的教学目的。

二、乒乓球课程思政的实施途径

（一）深入挖掘乒乓球课程中的思政元素

乒乓球课程的思政设计，要从深入挖掘课程中的思政元素开始，从依托学校现有的师资力量，与专业思想政治教育教师深入交流与探讨，将乒乓球教学与思政课程进行有机的结合，挖掘乒乓球课程中能够塑造学生价值观、人生观和世界观的教学要点，将体育教育与德育教育进行融合，从而使学生在一个自然的环境中学到更加扎实的知识和技能。实现技术知识育人和立德树人相结合，全方位、立体化育人，使得乒乓球课程教学过程中既有技术知识教育，同时还有思想政治教育。

（二）加强教师课程思政意识和能力

乒乓球教师是执行乒乓球教学课程思政的第一人，他们对乒乓球课程思政的理解和把握，以及对学生的了解和熟悉程度，将决定教学的效果和质量。课程思政具体执行者就是乒乓球教师，只有加强乒乓球教师的自我认知，提高乒乓球教师的政治素养，不断进行思想政治意识的宣传教育等，是保证乒乓球教学质量的关键因素。具体来说，要在乒乓球教师的常规业务培训体系中，加入思政素养教育内容，并深化他们对自身及乒乓球学科育人职责的认识，形成教学内在的责任自觉。可以组织开展与乒乓球课程相关的“思政课程”培训、名师讲座等，或者组织观摩在“思政课程”方面开展得比较好的其他高校的乒乓球课程等，切实提高乒乓球教师的课程思政能力。

第四节　校园乒乓球文化建设

一、校园乒乓球文化建设的意义和价值

（一）乒乓球具有多种优势

乒乓球作为一种对硬件设备和身体综合素质要求较低的体育运动项目，在高校中有着极为广泛的受众，尽管不是每一个学生都喜欢乒乓球，但是基本上每个学生都修过乒乓球课，掌握一些基本的乒乓球技能。乒乓球运动自身的特点决定了其能够跨年龄、跨性别组织多种形式的活动，因此具有较高的传播性，能够比较容易推广校园乒乓球运动的发展。

（二）为国家培养更多专业人才

乒乓球虽然并非源于中国，但是我国的乒乓球运动在近几十年来都代表着世界最高水平。世界上最顶尖的乒乓球运动员，基本上都是中国选手，这是不争的事实。这同时也意味着，我国对乒乓球运动的投入是广泛的、深入的和扎实的。在这样的背景的，国家培育了一大批优秀的专业人才，他们不仅在竞技体育场上展现风采，而且在体育教育事业中也发挥着重要的作用。尤其对我国乒乓球教育来说，这是一个绝对的明

显优势。这对培养新一代的专业人才奠定了扎实的基础，保证我国乒乓球运动不断强劲发展。

（三）营造良好的社会舆论环境

我国在乒乓球运动上取得的成绩是令世界瞩目的，并在乒乓球历史上也是绝对辉煌的。因此，校园乒乓球文化建设，不仅符合学校的体育文化建设需要，也符合国家体育发展战略的整体规划要求。从一定角度上讲，乒乓球是我国竞技体育领域最具代表性的一项球类运动，具有重要的体育价值和深远的文化价值。而在学校中适当地建设乒乓球体育文化，对营造和保持良好的社会舆论环境将具有不可或缺的作用。

二、乒乓球文化在学校中的功能

（一）优化校园文化氛围

乒乓球运动由于其易于开展的特性，因此，非常适合在校园开展形式多样的乒乓球活动，对于建设校园文化具有许多好处。首先，乒乓球运动能激发人快速作出决策，在激烈的对抗中保持冷静等，对培养学生的进取心、促进学生遇事沉着应对的品质都具有一定的助益。其次，对提升学生的规则意识，以及形成良好的运动观念和运动行为模式等，都会带来不同程度的作用。

（二）培育团队合作精神

经常进行乒乓球运动锻炼，还有助于激发学生的团队合作精神。通过乒乓球运动，学生能够发现自己在团队中所处的位置，以及如何与同学配合，获得更好的成绩等，这些都有助于发展学生的团队合作精神。另外，经常参加乒乓球活动，还可以通过激烈的对抗性活动，增强学生对合作、团结和竞争等理念有一个更为深刻的认识。乒乓球具备团体比赛的规则，借助相关的比赛能够使学生感受到团队精神和集体荣誉感，极大地锻炼和丰富学生的精神世界，磨砺学生的优秀品质。

（三）传承学校体育精神

乒乓球在校园中能够广泛的传播，是学生们最喜欢的球类运动之一。因此，可以通过乒乓球的普遍性，加强对学校体育精神的传播与传承。在校园里通过加强对乒乓球的教学，还可以将学校的精神文明建设、国家提倡的新时代人才标准进行宣传和传播，这是校园乒乓球运动的另一使命。此外，乒乓球文化也是一个良好的载体，其容纳和体现了一个学校的文化，乒乓球文化在高校之中的传承，必然是高校文化的传承，有助于提升高校文化的延续和发展。

三、校园乒乓球文化建设的基本策略

（一）促进学生全面发展

在建设乒乓球校园文化的过程中，其根本目的是促进学生的全面发展，尤其是加强对学生的素质教育。在乒乓球运动文化中，包含着丰富的教育议题，能够鼓励学生的身心同时得到发展。乒乓球文化建设应该以服务学生为根本目的，在乒乓球文化建设的过程中应该顺应学生的实际需要，避免给学生带来新的压力。在组织各类乒乓球活动的过程中要强调引导，避免采用简单粗暴的方式强迫学生参与各种类型的乒乓球活动。

（二）调动学生的积极性

乒乓球文化是校园中比较轻松且极具教育价值的球类运动项目之一。由于其快速对抗的特性，非常符合学生年龄特点，能够吻合学生的运动需要。因此，在建设校园体育文化的过程中，应把握乒乓球运动的特点，努力调动学生的积极性和主动性，使学生积极地参与学校乒乓球文化建设。乒乓球教学活动的组织安排，还应注意与学校里的其他活动联合起来，共同营造一个丰富融洽的运动氛围，从多个角度调动起学生的学习积极性和运动主动性，养成主动探索、积极回应的良好行为习惯，这对学生的全面成长具有重要意义。

（三）培养优秀的体育教师队伍

体育教师是开展体育教学的根本质量保证，乒乓球运动具有丰富的技术内容，在“会打”和“打好”之间，有很大的区别，需要教师具备丰富的专业技能和过硬的教学经验。因此，为了更好地开展乒乓球教学，学校应该加强培育优秀的体育教师队伍。虽然我们的体育教师队伍强大，但是专门的训练有素的乒乓球教练员还是相当稀缺的，在各个中小学院校，更多强调的是田径教学，对其他专项运动的重视程度还明显不够。为了补足这一缺陷，学校应加强培育专门的乒乓球教师，以提升学校的乒乓球普及教育。

第五节 高校高水平乒乓球运动队建设

高校高水平乒乓球队的建设，对校园体育文化建设以及促进乒乓球运动的发展都具有积极作用。因为一支高水平乒乓球运动队的存在，会带动校园的运动氛围，激发学生加强乒乓球技能的提升等。本节将针对此主题展开深入分析。

一、教练队伍建设

（一）教练员学历

学历可以反映出教练员的受教育程度与文化水平，是当今社会衡量人才知识水平的重要标准之一。教练员学历越高，在综合能力与理论知识上相对更优秀，更能够推动高水平运动队的发展。

表 5-1　乒乓球教练员学历情况(n = 43)①

学历	人数	比例
本科	15	34.88%
硕士	21	48.84%
博士	7	16.28%
其他	0	0

上表显示,高水平教练员大多数是研究生学历,占 48.84%,本科学历占 34.88%,排在第二位,仅有 16.28%是博士学位。相比目前高校对教师的学历要求,明显偏低。

学历较高,但专业运动经历少的教练员虽然理论基础扎实,但缺乏实践经验;而运动经历丰富、学历低的教练员,实践经验丰富,但缺乏理论知识,这些都不利于运动队的发展。教练员只有不断提升自身的能力,才能成为合格的优秀教练员。

(二)教练员职称

教练员的综合素质可以从教练员的职称中反映出来,高职称专业教练员的专业能力与教学科研能力相对都比较高。对高校高水平乒乓球教练员职称的调查如下。

表 5-2　乒乓球教练员职称情况(n = 43)②

职称	人数	比例
助教	4	9.3%
讲师	15	34.88%
副教授	17	39.54%
教授	6	13.95%
其他	1	2.33%

作为高校乒乓球训练工作的主要管理者和实施者,高校乒乓球教练员对球队的发展起着至关重要的作用。上表显示,高校乒乓球教练员中

① 王梦.全国高校乒乓球高水平运动队发展现状与对策研究[D].陕西师范大学,2018.

② 同上。

9.3%是助教职称,34.88%是讲师,39.54%是副教授,13.95%是教授。总体上,讲师与副教授职称的教练员是高水平运动队的中坚力量。这些教练员年纪较轻,事业心比较强,使运动队充满活力。但需要继续磨炼与提高。

(三)教练员执教年限

教练的执教时间越久,经验将会越丰富。教练员在整个运动训练的过程中起主导作用,教练员各方面的能力会影响高水平运动队竞技水平的提高。

表 5-3 乒乓球教练员执教时间(n = 43)①

执教时间	人数	比例
＜5 年	6	13.95%
6 ~ 10 年	11	25.58%
11 ~ 20 年	20	46.51%
＞20 年	6	13.95%

上表调查结果显示,46.51%的教练员执教时间为 11 ~ 20 年,25.58%的教练员执教时间为 6 ~ 10 年,各有 13.95%的教练员执教时间少于 5 年和超过 20 年。说明大部分教练员对球队的管理时间较长,教学经验较为丰富。

执教时间较长的教练员中,只有少部分系统学习过乒乓球,并且一直从事与乒乓球相关的工作,而多数教练在执教前没有经过专业的乒乓球学习,一般是被学校指派管理校乒乓球队后从事的该职业。虽然后期有理论和实践的学习,但对有较高技术水平的高水平运动员而言,在技术指导方面不会起到太大作用。

执教年限相对较短的教练员是近年来各大高校专门招收的有乒乓球特长的教练员。年轻教练员的教学经验、科研能力等虽然不如资深教练员,但他们的优势是专业性较强,对高水平运动员的训练与比赛可以提出更有针对性的指导,从而促进高水平运动员竞技水平的提高,使运

① 王梦.全国高校乒乓球高水平运动队发展现状与对策研究[D].陕西师范大学,2018.

动员取得理想的比赛成绩。

二、硬件设施建设

(一)乒乓球运动设施的基本情况

高水平运动员要完成乒乓球训练任务,需要有充足的体育器材设施,这是最基本的物质保障,对训练效果有直接影响。为了解高校乒乓球运动队的训练设施情况,对43名教练员进行了问卷调查,调查结果见表5-4。

表5-4 乒乓球训练场馆设施情况调查(n=43)①

球台数量	人数	比例
<5张	0	0
6~10张	11	25.58%
11~20张	22	51.16%
>20张	10	23.26%

上述调查结果显示,选择6~10张球台的教练员有25.58%,选择11~20张球台的教练员有51.16%,选择大于20张球台的教练员有23.26%。高校高水平运动队的人数大概是15~20人,如果高校只有不到10张的球台,那么运动员的基本训练需求就得不到满足。训练设备直接影响训练条件,进而对运动员训练效果和技能水平的提高造成影响,长期如此,容易导致运动员消极训练。球台数量在10~20张之间的高校,可以使高水平运动队训练的正常需求得到满足。球台数量超过20张的高校,硬件设施完善,也会提高运动员训练的积极性。

① 王梦.全国高校乒乓球高水平运动队发展现状与对策研究[D].陕西师范大学,2018.

（二）乒乓球运动员对运动设施的满意度

高水平乒乓球运动员对本校训练场馆设施的满意度调查结果见表5-5。

表 5-5 乒乓球运动员对训练场馆设施的满意度调查（n = 223）①

满意度	人数	比例
很满意	36	16.14%
一般满意	124	55.61%
不太满意	33	14.80%
太满意	30	13.45%

上表调查显示，16.14%的运动员对本校的乒乓球训练场馆设施表示很满意，55.61%的运动员表示一般满意，分别有 14.80%和 13.45%的运动员表示不太满意和不满意，总体上比较满意的运动员占 70%左右，不是很满意的占 30%左右。进一步访问后了解到，运动员对学校乒乓球训练场馆设施不满意，主要是因为场馆数量较少，环境较差，球台数量不足，场馆没有空调等。

三、奖励制度

追求优异的运动成绩是运动员在运动生涯中追求的主要目标，而运动员在取得好的成绩后，如果可以获得奖励，则会更加激励运动员努力进取。合理的奖励机制可以将运动员训练以及比赛的积极性调动起来。所以，为了给高水平乒乓球运动员增添动力，需要对相应的奖惩制度进行建立，满足运动员的合理需求，将其比赛成绩与实际利益结合起来。高校高水平乒乓球运动员取得优异成绩后获得奖励的情况见表 5-6。

① 王梦.全国高校乒乓球高水平运动队发展现状与对策研究[D].陕西师范大学，2018.

表 5-5 乒乓球运动员获得奖励的情况调查(n = 223)[①]

奖励情况	人数	比例
奖学金	84	37.67%
减免学费	56	25.11%
给予推免资格	25	11.21%
其他奖励	50	22.42%
无奖励	8	3.59%

从上表来看,高校主要采取奖学金、减免学费、给予推免资格和其他方式来奖励高水平运动员。其中奖学金奖励占 39.67%,减免学费奖励占 25.11%,给予推免资格占 11.21%,其他奖励占 22.42%,没有获得奖励的运动员占 3.59%。

比赛的重要性和比赛成绩是给予乒乓球运动员奖学金奖励的主要参考指标,一般给予几百到几千元不等的奖学金。运动员可以主动向校方提出奖学金申请,在学校通过审核后获得一定数额的奖学金;也可以以队费的形式发放奖学金,但校方要设立专项预算,也可以由赞助商提供。

减免学费奖励是非常直接的奖励,是学校给运动员提供的政策,普通生不享有这项政策,减免学费奖励可以是完全免学费,也可以是学费减半,具体根据运动员取得的成绩来定。

给予推免资格有两种方式,一种是直接推免,还有一种是间接推免。

高校还有一些其他的奖励方式,如训练补贴、参赛经费、庆功宴等,具体根据各高校的政策与经济条件而定。

有少数运动员没有享受任何奖励措施,学校只是交一些比赛费用,其余费用运动员自理。不奖励不利于增强团队凝聚力,会对运动员参赛的积极性造成打击。

目前,各高校主要采用物质奖励的方式来奖励获得优异成绩的运动员,以此来肯定运动员的努力和付出,并进一步激励运动员。学校提供奖励时,首先应对运动员的合理需求进行了解,并尽量满足。此外,还要让运动员对个人利益、社会利益的内在联系与辩证关系有一定的认识,

① 王梦.全国高校乒乓球高水平运动队发展现状与对策研究[D].陕西师范大学,2018.

培养运动员的体育意识与体育精神，使其为了更远大的目标而不断努力学习与训练。

四、发展策略

（一）增加经费投入

（1）高校高水平乒乓球运动队积极参与官方、商业等不同类型的比赛，对于当地举办的比赛更要踊跃参与，这些赛事经费支出少，而且能够使团队的影响力扩大，并使运动员有更多的机会接触社会，抓住每一个可能的商业合作机会。

（2）球队知名度提升后，可以适当接一些代言，与企业互助互推，获得赞助资金，寻求合作的企业时应聚集在运动服、体育器材、乒乓球用品等生产与销售方面，采用一些推广手段为企业打广告，同时获得赞助费，使队伍的训练和参赛经费有所保障。另外，可以企业的名义对运动员助学金进行创立，进一步激发运动员的训练热情和比赛积极性。

（3）运动队与当地企业联合训练，培训企业员工的乒乓球技能，帮助员工强身健体，同时从该企业获得一定的赞助，这在建设企业文化的同时也传播了体育文化，增加了乒乓球人口，也有助于推动高水平运动队的发展。

（二）充分重视运动员的学习需要

（1）对高校高水平乒乓球运动员的训练任务加以明确，加强训练管理；在专项训练上使用学分制手段，达不到文化测验标准不能比赛，修不够学分则不能毕业；奖励获得优异运动成绩的运动员，让运动员对学习与训练之间的关系有深刻的认识，知道只有努力训练才有机会参赛，才有获得奖励的机会。

（2）对乒乓球运动员的文化课学习时间和专项训练时间进行合理安排，学习、训练两手抓，避免时间冲突，缓解学训矛盾。跟随文化课时间灵活调节训练时间，让运动员收获更多的文化知识。

（3）对乒乓球教师与教练的管理范围明确划分，加强对运动员文化学习的监管，使运动员高度重视文化学习。根据运动员的文化水平层次对多种形式的文化考核方案进行设计，以免运动员只是为了应付期末考试而临时抱佛脚，让运动员通过系统的学习真正掌握知识，提升文化素质。另外，针对运动员开设辅导教育班，由专任教师使用人性化教学方法进行辅导，因材施教，使高水平运动员的文化水平得到有效的提升。

（4）乒乓球运动员将自己的课余时间合理安排好，丰富自己的课余生活，主动提升自身价值，让自身价值得到利益最大化，努力成为有知识的全能人才。

（三）规范乒乓球运动队管理

（1）让乒乓球运动员明确自己的目标，发挥主观能动性，积极学习与训练，提高训练效率。校方支持与奖励表现优秀的运动员，增加乒乓球运动员训练的动力和积极性，使其在思想上正确对待比赛，主动克服训练中的一些困难，创造优异的成绩。

（2）从乒乓球运动员的实际情况出发制定训练目标，提出学业要求；如规定运动员每周训练次数，制定技术测试、体能测试等考核方案；文化课方面明确学习任务，规范课程考核，奖罚分明，让运动员将文化学习重视起来，提升运动员的综合素质和竞争能力，为未来再就业奠定一定的基础。

（3）高校成立专门的部门来管理包括乒乓球队在内的高水平运动队，学校的体育学院和运动系协助专业部门共同进行管理，教务处发挥监督职能。

（4）加强对符合高水平运动队正常训练标准的训练设施的建设，为高水平乒乓球运动员技能水平的平稳发展提供物质保障；为运动员提供与省、市队运动员交流的机会，建立良好的协同训练关系，不断提升校队的水平。

（四）加强教练员队伍建设

（1）选聘高校乒乓球队的教练员时，将高水平运动员出身的、运动经历丰富的、文化水平高的人员作为首选，他们不管是在文化教育上，还是在训练控制和比赛临场指挥上，都更有优势。

（2）对教练员的岗位职责加以明确，使教练员拥有更多的决策权，发挥教练员对运动队的管理职能。

（3）教练员应将更多的精力投入运动队的提高与发展上，要有责任心，营造良好的训练氛围，增强整个队伍的凝聚力，提高运动员的集体主义精神。

（4）对于在重大比赛中取得优异成绩的球队的教练员，给予嘉奖，提供优惠政策，进一步激发其执教热情，提高其执教的积极性。

（5）高校乒乓球教练员通常具备丰富的理论知识，但实战经验欠缺，训练手段掌握得少，这就影响了训练的效果。所以高校教练员应多与专业队教练员进行学术探讨与实践操作方面的交流，切实增强实战指导能力。

（五）调动运动员职业热情

目前，我国只有少数乒乓球比赛是专门针对高校高水平乒乓球运动员的，这就影响了运动队训练的积极性，使运动员的自我发展受限。运动员与外界的交流非常少，基本上是“闭门造车”，所以运动员对训练没有热情，训练目标不明确，竞技水平难以提升，甚至会下降。为了解决这些问题，需从以下几方面努力。

（1）各高校之间加强互动，建立友好的关系，各校轮流组织友谊对抗赛，对运动员的训练成果进行检验，激发运动员的训练积极性，促进各校学校乒乓球文化的交流。

（2）高校乒乓球队代表学校积极参与商业性的乒乓球比赛，获取一定额度的比赛奖金，同时宣传队伍，提高影响力，增加与其他球队沟通的机会。

（3）与当地省、市专业队建立稳定的交流关系，在周末进行调节性训练和比赛，提高运动员的训练兴趣，促进其对外比赛能力的不断增强。

（4）高校建立乒乓球社团，组织校内乒乓球友谊赛，吸引更多的大学生参与乒乓球运动，传播乒乓球文化，将乒乓球运动发展成为校园特色体育运动，促进大学生身心健康发展，提升运动员的团队荣誉感，促进运动员的健康持续发展。

（5）高校乒乓球队与国外乒乓球俱乐部建立友好的合作关系，接受国外俱乐部的邀请，与国外乒乓球运动员就乒乓球技能进行切磋，将跨国交流的桥梁搭建起来。运动员去国外俱乐部学习与交流，还可以锻炼自己的英语能力，提升英语水平，同时还能将我国的乒乓球文化传播到国外，扩大我国国球的影响力。

第六章

乒乓球运动产业化发展

乒乓球运动在我国不仅仅在竞技体育领域成绩斐然，实际上在大众健身和产业化发展方面也具有较强的优势。本章将从我国乒乓球产业发展现状、我国乒乓球产业的发展策略，以及乒乓球产业文化“软实力”的提升几个方面展开分析。

第一节　我国乒乓球产业发展现状与影响因素

受我国国情和社会发展情况的影响，我国乒乓球产业发展也具有一定的中国特色，本节将主要探讨目前我国乒乓球产业的发展现状，以及其主要影响因素有哪些。

一、我国乒乓球产业的发展特点

我国自 20 世纪 80 年代实行改革开放以来，社会经济取得了令世界瞩目的成绩，随之而来的是，我国的各个产业也得到空前发展。乒乓球产业发展较为突出，并主要呈现出以下几个特点。

（一）以政府主导的经营模式

从我国目前的乒乓球产业四种经营类型来看，其主要是以政府主导为主，由国家各个组织机构牵头创办，包括体委和企业联合创办的各种乒乓球俱乐部、体委和企业合作的经营方式、国家事业单位或体委举办的乒乓球俱乐部以及企业独自创办的乒乓球产业。

乒乓球被誉为我国的“国球”，它的产业发展意义和价值是多方面的，只有以政府为主导进行经营，才能保证乒乓球产业得到最健康、有利的发展，才能使乒乓球产业发展获得最多的资源，并将各方利益都得到合理分配。

（二）以成年人为产业消费主体

我国的乒乓球产业特点是，消费群体以成年人为主，以青少年为辅。这对乒乓球产业的布局、发展与产业融合等产生了较为明显的影响。以成年人为主体的乒乓球产业发展，以休闲、健身、娱乐业为主，以培训业、竞赛业的发展为辅。

大部分成年人对乒乓球运动都有较强的兴趣，这一方面是由于乒乓球在我国的发展历史较久，很多成年人从儿时起就产生了对乒乓球的兴趣，并养成了运动的习惯。另一方面，由于乒乓球运动对设施、场地和运动装备没有过高的要求，只要有一个乒乓球球台、两只球拍和一只乒乓球就可以练习。而且无论是球台还是球拍，成本较低，是绝大多数普通人都能够消费得起的一项体育运动。

我国的大多数成年人都承担着繁重的工作压力和生活压力，而能够经常地、定期地进行一些体育运动将对他们的身心健康发挥出重要的作用。乒乓球运动对锻炼者的运动能力要求不高，而且也不会产生什么经济负担，因此，乒乓球运动成为我国大多数成年人开展运动锻炼的首选之一。

（三）以链条状为产业运营核心

由于以国家主导为乒乓球产业发展的主要模式，目前我国的乒乓球产业运营状况呈现出完整的产业发展体系，具有完善的产业链条和组织架构，这些成为我国乒乓球产业顺利发展的重要保障。

以链条状为产业运营核心的优势是，产业各个组成部分能够获得较高的整体势能，链条中的每一个环节都以整个产业链的健康发展为自身的努力方向，因为只有整个产业链获得最好的发展，那么产业中的各个组成部分才能得到最大利益。这对避免和遏制恶性竞争创造了良好的生态环境。

二、我国乒乓球产业的发展现状

我国当前的乒乓球产业可大致分为竞赛业、健身业、乒乓球用品业和乒乓球场馆运营业四部分，其发展现状分别如下。

（一）乒乓球竞赛业发展现状

乒乓球产业获得发展的最重要的原因，就是我国在乒乓球竞技领域一直都占据着绝对的优势，这为乒乓球产业的发展带来信心，也创造了巨大的想象空间。由于我国的乒乓球竞技水平一直处于领先水平，因此从国家政府层面，到普通大众层面，对乒乓球的产业发展方向都充满信心。

其中，最明显的是乒乓球竞赛业的发展。由于我国有大量的世界顶尖级别的乒乓球运动员，还有众多优秀的乒乓球后备人才，因此，他们足以支撑起我国的乒乓球竞赛业。并且，高超的竞技水平保障了比赛的可观赏性，也能够吸引大量的海内外球迷前来观赛，这是乒乓球竞赛业能够稳步发展的核心原因。

但是，与其他竞技体育发展强国相比，我国的乒乓球运动竞赛业发展还有很大的提升空间。比如，乒乓球超级联赛无论是影响力还是产业规模，都远远未得到西方成功的职业联赛的水平，尤其近几年来，还表现出逐渐萧条的趋势。通过对市场进行初步的数据分析不难发现，真正愿意买票来现场观看乒乓球比赛的人数越来越少，其中从现场售票的情况来看，可分为两大类群体，即持续性消费群体和暂时性消费群体，而持续性消费群体所占比例非常低，如果没有国家和企业的支持，仅凭票房收入是无法支撑起乒乓球竞赛业的正常运营的，更谈不上使其获得持续的发展。

（二）乒乓球健身业发展现状

目前我国的乒乓球健身业发展，显然也遇到困境。当前自媒体异常发达，这无疑加速了信息传播的速度和效率，因此，人们的视野得到前所未有的拓展，只要在手机上打开流媒体、短视频 App，世界各地便能尽收眼底。因此，人们对运动健身有了更多的选择，特别是一些新鲜的运动形式尤其受到年轻人群的追捧，而像乒乓球这一类传统的运动项目则受到冷落。我国社会的健身娱乐业主要以单身的年轻人为主流消费群体。从当前的发展现状来看，这些年轻人更愿意把时间和金钱花费在新潮炫酷的运动项目上，这是导致乒乓球健身业发展遇到瓶颈的最主要原因。

（三）乒乓球用品业发展现状

乒乓球用品包括球、球拍、球台和乒乓球运动服、运动鞋以及辅助器材。从产业链上关系来看，乒乓球用品业属于乒乓球竞赛业和健身业的下游，如果乒乓球竞赛业和健身业发展良好的话，那么乒乓球用品业必然也会获得较大的市场空间。但是从另一个角度看，乒乓球用品业在一定程度上，也能刺激乒乓球健身的发展。

这是因为，当前消费市场的特点是以感官刺激为主导，在同等品质的条件下，造型感或者设计感更强的产品和服务得到更多优势。而如果不懂得创新和引导消费，只是循规蹈矩或者按部就班地生产乒乓球用品的话，则很难获得市场的青睐。

我国的乒乓球消费群体主要以参与型消费为主，尤其是近年来随着社会经济水平的提高，人们的健身意识逐步增强，很多人有能力也有意愿在一起相对易于实施的运动项目上投入体育健身消费品。这对于乒乓球用品业而言，是一个重要的发展机遇，应该抓住机会，争取获得市场份额的扩大。

（四）乒乓球场馆运营业发展现状

放眼全国，我国各省市真正建有正规乒乓球场馆的数量实际上非常有限，这和我国“乒乓球大国”的身份显然并不相符。相比之下，足球场、篮球场、羽毛球场都要多得多。从场馆的数量和质量情况来看，就足以体现出乒乓球产业商业运营的情况。实际上，从竞技水平的层面上看，我国的乒乓球技术具有绝对的世界最高水平，但是相应的，乒乓球的产业发展却表现出一定的落后。造成这一现象的主要原因有以下两点。

（1）乒乓球在世界竞技体育格局中占有较小的比重。和足球、篮球、网球相比，乒乓球的全球影响力和市场份额较小，尽管乒乓球发源于英国，兴起于欧美国家，但是自从日本和中国先后在乒乓球运动方面居于世界领先地位之后，乒乓球在欧美等体育发达国家逐渐落寞，因此获得的关注和资源也越来越少。由于成绩远远落后，欧美等竞技体育强国不愿再将大量的资源投入在乒乓球运动上，久而久之造成一定的恶性循环。然而，整个竞技体育产业都是以西方体育发达国家主导的，因此，乒乓球获得的世界资本相对较少，其发展也自然缓慢。从短期来看，仅仅凭中国自身的努力，还很难发展并带动世界乒乓球竞技体育产业的发展。

（2）乒乓球产业需要新的发展动力。我国的乒乓球产业以国家为主导，尽管这在很多方面获得发展优势，如政策、资源等都获得足够的支持。但不可否认的是，产业发展终归是市场行为，仅仅靠国家支持是不够的，还需要让市场充分发挥作用，激活各个相关企业的活力与潜能，才能让我国的乒乓球产业得到更好的发展。

三、我国乒乓球产业发展的影响因素

影响乒乓球产业经济发展的因素是多方面的，以下将从产业产权制度、赛制设计、专业人才和衍生品开发等几个方面进行分析。

（一）产业产权度不明晰

从目前我国乒乓球产业的产权设置来看，还停留在比较初级的阶段。比如对产权设置明显缺乏对产业经济的调研和深入分析，还停留在多年前的产业发展水平，其结果就是导致在产权明晰度不足的情况下，难以形成乒乓球产业经济与市场经济的有效融合，从而导致产业发展不充分，资源未得到有效利用甚至是浪费，并进而影响着产权管理的有效发展，更加谈不上创新。

总之，如果不能尽早明晰产权设置，加强对乒乓球产业的有效管理和运营，没有足够的创新被激发，那么我国的乒乓球产业经济发展价格受到明显限制。

（二）赛制设计有待提高

乒乓球竞赛业是启动乒乓球运动发展的一个最核心的动力，但是就目前的发展现状来看，我国的乒乓球联赛等竞赛业还停留于几十年前的层面，这么多年沿袭至今，并没有精心完善和不断优化。显然，我们的乒乓球赛制设计已经远远落后于当前的竞技体育竞赛业的发展形式。这不仅限制了乒乓球竞赛业的发展，而且对整个乒乓球产业链的发展都十分不利。

落后的赛制设计所带来的最突出问题，是将民间资本拒之门外，失去有活力的资本投入，想要获得产业高效、强势的发展是不可能实现的。

（三）缺乏专业管理人才

人才是经济发展的核心，在提升乒乓球产业经济管理水平的过程中，专业管理人才是非常重要的。而在我国的乒乓球产业中，一直缺乏比较专业的管理人才，不仅不能很好地满足乒乓球产业的商业化操作管理需求，而且也无法为乒乓球产业的高质量发展提供更多支持。

（四）衍生产品开发不足

从其他产业的发展经验来看，一个发展足够充分的产业，必然会带动出庞大的衍生品市场，甚至有些产业或者某些品牌，其衍生品所产生的经济份额都是相当可观的。就乒乓球产业而言，是否可以积极寻求突破，其中就包括通过开发相关的衍生产品来带动乒乓球产业的发展。

第二节　我国乒乓球产业的发展策略

在对我国乒乓球产业发展现状有了清楚的认识之后，接下来需要制定有针对性的发展政策，从而尽快改善乒乓球产业的发展困境。

一、深度提升乒乓球竞赛制度

（一）改进赛制设置

体育竞赛业属于体育产业中的核心部分，如果说乒乓球竞赛业的赛制设置严重限制了产业的整体发展进程，那么应该尽快对赛制进行改革和优化，使之适应当前社会发展的趋势。最重要的是积极引入社会资本，通过社会资本的活力带动乒乓球产业的快速蜕变和发展，赢得更大增长空间。

（二）加大营销力度

我国目前乒乓球产业的发展特点表现得较为消极。这显然不符合市场发展的一般规律。作为一个积极求变、努力赢得发展的竞技体育产业而言，必须重视其营销的作用。因此，提升我国乒乓球产业发展的策略之一，就是加大营销力度。产业的发展必须与打造市场营销环境同步，现在我国的乒乓球竞赛业主要特点是，核心产品一流，即运动员水平高超，比赛的观赏性极强，但是营销能力薄弱，这就出现产品虽好却鲜少有人问津的尴尬局面。

我们应学习和借鉴那些在竞赛业已经取得卓越表现的成功案例，比如美国的NBA、棒球、超级碗，以及西方的足球竞赛业，网球竞赛业，F1赛事等，都具有非常成功的营销案例。而这些仅靠乒协等机构是无法实现的，市场范畴的工作，必须交给市场完成，如与主营市场营销的头部公司展开合作，聘请具有成功经验的从业人员，邀请最有实力的广告公司等。总之，在加强乒乓球竞赛业的营销力度方面，还有很多可以探索的空间。

（三）赋权乒乓球俱乐部

无论哪种运动形式，在产业化发展的过程中，都不能忽视俱乐部所发挥的作用。可以说以俱乐部为单位进行市场化运作，是发展体育运动竞赛活动的最成功的选择。而通过赋予俱乐部更多的权限，就会显著激活其活力，创造出更大的市场空间。乒协和俱乐部进行深度合作，对乒乓球的消费群体和市场进行全面的调查、分析，然后推出更具针对性的赛事活动和营销方案。而目前的情况是，乒乓球运动管理中心对联赛的组织运营干预过多，而俱乐部束手束脚无法发挥出其应有的作用。

因此，通过放宽俱乐部的权限可以很好地激活乒乓球市场的活力，从而真正推动乒乓球产业的健康发展。

二、全面优化乒乓球产业布局

(一)完善法律法规

在全面优化乒乓球产业布局的过程中,首先需要做的是完善相应的法律法规,这是保证乒乓球产业健康、顺利发展的基本前提。乒乓球产业的潜在市场规模巨大,但是在市场得到充分开发之前,必须先要健全和完善法律法规环境,为市场打造出具有安全保障的生态环境。我国的乒乓球市场主要以参与性消费为主,这就意味着乒乓球的参与群体是巨大的。为了这一庞大的市场能够正常运行,必须从法制层面做好充分的准备,如形成健全的保障机制,理顺行业监管程序等都有待完善。

(二)创新服务特色

乒乓球在我国具有广泛的群众基础,这是开发乒乓球产业所具备的得天独厚的优势。结合我国以参与型消费者为主体的形态,应积极提高服务质量和特色,从而激发大众的参与热情,为社会大众提供多元的体育休闲娱乐服务,丰富人们的运动体验,提升人们的生活品质和健康水平。

创新服务特色包括丰富服务种类,满足不同年龄、性别和消费能力的群体的运动休闲需要;增加个性化的服务产品和种类,从而覆盖更大的消费人群。

(三)培养专业人才

产业的发展需要大量的专业人才,因此,在发展乒乓球运动产业的同时,必须重视对人才的培养和挖掘。从业人员的素质决定着行业的发展前景和发展高度,是产业的内在灵魂。因此,在优化乒乓球产业布局的过程中,应拿出足够的资源对人才进行培养和培训。

这主要包括两方面的内容,一方面是在体育院校或者经营管理院校增设相关的专业,培养一批专业的产业经营管理人才。另一方面,是从乒乓球退役运动员或者具有较强的乒乓球专业知识和技能的后备人才选拔具有管理能力的人才进行专项培养。这是保证乒乓球产业从业人员素质水平的关键。

在社会聘用方面,要严格把控标准,要求应聘人员需持有体育局认证资格证书,达到相应的资质水平和技术等级。同时,还要定期组织对在职人员的培训,从而保证当前从业人员的工作能力处于一个较高的水平。

以上这些都是发展和维护乒乓球产业顺利发展的必要工作内容。总之,为了优化乒乓球的产业布局,应该积极寻求突破,创作一切可以提升产业发展的机会。

(四)努力自主创新

创新是一切发展的核心动力,以乒乓球运动在我国所具有的独特位置,以及这么多年来所培养的群众基础,发展乒乓球产业实际上具有无穷的想象力。这不仅需要产业内人员的努力探索,还要大胆走出去,积极与其他领域加强合作,寻求有效的发展路径。

这里所说的自主创新,包含着以下几重含义。

1. 文化创新

文化创新是指在乒乓球现有文化价值的基础上,结合当前的发展趋势,积极为其赋能,使乒乓球能够不断适应时代的发展,并能够把握住社会的每一次文化潮流,使这项传统的体育运动焕发出崭新的时代气息。这是促进乒乓球产业发展的重要核心思想。

2. 产品创新

在当前的竞技体育产业中,体育用品已经不再是以往仅仅重视运动功能的传统方式。在这个文化越来越繁荣且多元的时代,体育用品的竞争已经逐渐从单一的性能竞争,发展为多元跨界竞争。因此,产品创新是赢得发展机遇的必经之路。从目前的市场来看,乒乓球运动的产品还是比较传统的,一个巨大的市场空间有待被开发。

比如,将现有的乒乓球体育用品进行专业化、个性化、科技化创新,以符合这个时代的消费趋势。与此同时,开发更多的衍生品,丰富乒乓球用品市场，并进而拓展更多的产业发展空间。

3. 服务创新

在具有一定市场规模的前提下，应努力提升乒乓球产业各个环节的服务质量，通过不断提升服务标准、加强服务创新等途径，强化并吸引稳定的消费者群体。

关于乒乓球产业的服务创新，有很多可以探索的方向。除了完善乒乓球竞赛业的制度和赛事组织，以及对相关周边服务环节的一一提高之外，还应利用当前发达的传媒技术手段，做好细分市场和垂直市场的深度经营，发现消费者的潜在需求并逐一完善，这是服务创新的一个主要体现形式。

（五）善于资源整合

联合竞争力是区域内的单体企业之间互相联合，形成区域融合一致对外的竞争优势力量。乒乓球用品市场由国内外少数几家大牌企业长期占据。比如山东省虽然属于体育用品生产大省，乒乓球用品制造商数量众多，但是企业间互相对立，缺乏交流，区域内联合竞争优势不明显。政府部门应加强宏观调控，由山东省乒乓球运动管理中心牵头组织创立山东省乒乓球用品企业协会，由各个乒乓球用品企业派出代表组成协会成员，加强资源整合，积极开展自主创新研究，定期共享创新成果，共同发展进步；企业间加强交流互动，定期开展行业论坛交流会，各抒己见，百花齐放，集众家之所长，形成企业间凝聚力，提高山东地区乒乓球用品企业竞争力。

（六）打造一流品牌

品牌是一种无形资产，它对于产品利润空间的提高有着强大的推动力，品牌代表企业的一种文化，它能展现出产品的风格，为企业吸引忠实的顾客。乒乓球用品企业应改变传统营销策略，加强品牌文化的塑造与宣传，对于有经济实力的企业要加大广告营销投入，实行多方位立体化的宣传模式，请乒乓球明星做品牌代言，电视、报纸、广播、网络等媒体达到相应的品牌广告覆盖率；对于财力不足的小型乒乓球用品企业可以赞助业余比赛，以达到品牌宣传的目的。其次，政府应加大对中小型乒乓球企业的扶持力度，鼓励品牌塑造，引导他们向规模化、品牌化发展。

（七）增创场馆功能

在优化产业布局的工作中，还应积极发挥场馆的作用，增创场馆功能，为大众营造丰富的乒乓球体验环境和机会。比如，为乒乓球消费者提供良好的运动健身环境，增强乒乓球爱好者的运动消费体验，积极将参与型消费向稳定型消费转变。体育场馆的设计和设施对于研发和创新乒乓球的相关娱乐活动具有很多便利条件，和户外相比，能够通过增加一些服务而吸引大众积极参与，如配备先进的淋浴设施，以及配套的储物、更衣、餐饮、按摩等服务，争取打造成一站式综合体育休闲娱乐服务中心，为大众提供完备的乒乓球运动服务体验，激活消费欲望和市场潜力。

第三节　我国乒乓球产业文化“软实力”的提升

文化“软实力”作为国家综合实力的一部分，是每个国家都非常重视的部分，加强对国家文化“软实力”的建设，不仅能提高国家的国际影响力，而且也能增强本国国民的自信心。乒乓球在我国所具有的文化价值，并不亚于其在国际竞技舞台上取得的耀眼成绩。目前需要做的，就是提升和扩大我国乒乓球产业文化在国内外的“软实力”，并助推我国乒乓球产业的快速发展。在发展和激活我国乒乓球产业活力的过程中，不能忽视对产业文化“软实力”的打造和经营，本节将从中国乒乓球文化软实力的发展现状以及未来潜力两方面展开分析。

一、提高乒乓球产业文化“软实力”的意义

在建设我国乒乓球运动产业工作中，除了要紧抓市场发展趋势，经营一个健康的、有活力的市场环境之外，还要加强对乒乓球产业文化的建设，这对提高国家竞技体育文化的软实力也具有积极的促进作用。

乒乓球运动在我国发展和发挥其文化软实力，具有绝对的优势。首先，乒乓球是我国的国球，全世界最高水平的乒乓球运动员几乎全部是中国运动员，这对提振中国民族自信心和民族荣誉感是一个无比重要的资源。我国正在努力实现从大国迈向强国，而国家在竞技体育及其文化方面的水平是其中非常重要的一个因素。深度挖掘乒乓球的文化软实力，是提升我国竞技体育文化的一个重要切入口。

简单来说，提高我国乒乓球产业文化软实力具有以下意义。

（1）有助于提升中国的民族凝聚力和民族自豪感，促进第二个百年奋斗目标的早日实现，助力中华民族伟大复兴。

（2）有助于增强中国在世界竞技体育领域的体育强国形象，进而提升我国的国际地位和国际影响力。

（3）有助于促进我国乒乓球产业的进一步发展，并促进我国综合文化软实力的提升。

通过深入挖掘乒乓球运动文化软实力，不仅有利于产业兴盛，而且还有助于提升国民健康水平，培育人们将乒乓球作为体育健身、娱乐休闲、交友团建等的重要选择。

二、提升我国乒乓球产业文化“软实力”的路径

尽管我国乒乓球产业发展还有很大的增长空间，甚至可以说乒乓球产业还处于较为初级的水平上，但是就乒乓球产业文化的软实力而言，有大量的资源可供采用，有许多路径等待去探索。

（一）树立文化自信

乒乓球作为我国的国球，国家在这项赛事上表现极为优异，屡屡斩获冠军，但是仍旧有很多人以“小项目和小球”去形容乒乓球，对我国在乒乓球赛场上取得的成绩极不自信，甚至认为冠军拿得越多，自身的负

罪感就越重。这种自信的缺失,在很大程度上阻碍了我国乒乓球产业文化软实力的发展。但是实际上,乒乓球领域的人并不这样认为,他们觉得成绩不好是自身水平不足,与中国无关。国际乒联主席曾说"中国的乒乓球水平高不是罪过"。没错,我们成绩好是因为我们水平高,只有树立这种文化自信,我国乒乓球产业文化软实力才能逐步提高。

(二)保持强大实力

持续保持强大的竞技实力是关键。当前我国在乒乓球运动方面取得的成绩来之不易,而且要长期保持也不是一件容易的事情。由于中国运动员在乒乓球运动上多年来都表现为绝对领先的局面,世界乒联对此曾一再地修改乒乓球的比赛规则,以期限制中国在乒乓球领域"独霸天下"的局势,另一方面也为其他国家争取机会。当然,从长远来看这些举措将有利于乒乓球运动的发展,但是短期来看,无疑为中国乒乓球运动员增加了难度。比如从小球改为大球,从 22 分制改为 11 分制等,这对于有些运动员而言可能是致命的。那么从国家层面上来看,国家花费几年甚至十几年的时间精心培养的优秀运动员,很可能因为这些规则的改变而无法显现自身的真正实力,造成人才的重大损失,进而影响了我国乒乓球运动的整体成绩。

只有保持中国乒乓球强大的实力,才能在文化软实力上领先他人,才能在国际舞台上占据一席之位,因此绝对不可以掉以轻心,在发展乒乓球产业文化"软实力"的过程中,这是有可能会被忽略的一个问题,因此必须引起足够的重视。

(三)开拓中国乒乓球市场

相比其他国家的"国球",在我国乒乓球还没有成为普遍的大众消费项目。比如美国的棒球、篮球和橄榄球以及英国的斯诺克等,它们都已经融入了当地大众的生活中,成为一种文化。而我国的乒乓球市场其实并不开阔,这使我国乒乓球产业发展缓慢,文化软实力上升受阻。乒乓球作为一种运动,应该当成一种兴趣爱好来培养。例如,加大力度在中小学和全社会推广乒乓球,学校增加乒乓球课程,社会举办乒乓球赛事,如此一来,乒乓球才能融入普通大众的生活,真正成为一种国家文化。

第七章

乒乓球后备人才培养及其发展

乒乓球运动在我国竞技体育事业中占据着不可替代的重要位置，不仅为我国竞技体育赢得了无数的荣誉，而且还发挥着凝聚民族情感、提高全民健身水平的重要作用。而要保持我国当前乒乓球运动竞技实力，最重要的是加强培育后备人才。本章将从乒乓球后备人才培育的基础理论、我国乒乓球后备人才培育的现状、困境与发展，以及乒乓球后备人才体教融合培养模式的构建展开阐述。

第一节　乒乓球后备人才培养的基础理论

乒乓球后备人才的培养关系到我国未来乒乓球事业的发展，影响着国家竞技体育的整体实力，因此应格外重视起来。本节将主要研究乒乓球后备人才培育的基础理论的相关内容。

一、乒乓球后备人才培养的指导思想

乒乓球运动是我国竞技体育事业的中坚力量，对国家竞技体育、国家战略发展、民族凝聚力、大众健身等都具有重要的影响力。而竞技体育后备人才的培养，则直接关系到我国乒乓球竞技体育事业的发展，特别是面对今后竞争越来越激烈的竞技体育市场，对人才综合素质的要求越来越高，人才培养要遵循以人为本、体教结合和可持续发展等这些重要的指导思想进行。

（一）以人为本

未来的竞技体育人才需要具有全面的综合素质，不仅在竞技体育专业领域拥有高超的技能，同时还要求在德育、智育、美育等方面同样出色，即要培养乒乓球运动员全面成长，必须首先树立以人为本的教育观念，从运动员的个体特征出发，充分挖掘运动员的个性和潜力，并给予有针对性的培育，尊重每个人的内在特性，从而让每个人都得到最佳的发展。以人为本是现代心理学和教育学中非常重要的一个理念，对当代各个领域的人才培养都发挥着不可或缺的指导作用。

实际上，我国在乒乓球竞技后备人才培养方面，一直都居于世界领先位置。经过几十年的摸索、积累和不断完善，已经形成了一套十分有效的方法论，并且为国家培育出了一代代优秀的乒乓球竞技体育运动员。然而，竞技体育的竞争是激烈的，也是残酷的，每个国家都非常重视本国竞技体育的发展，都在倾力培养竞技体育后备人才。因此，尽管我国在乒乓球运动方面一直占据优势地位，但是却不容半点松懈，必须时刻保持进取，不断提高乒乓球后备人才的综合素质和实力，从而稳步推进国家乒乓球事业的发展。

（二）体教结合

在新时代背景下，对乒乓球竞技体育人才的培养，尤其要重视体教结合的指导思想。以往的竞技体育后备人才培养，只单方面地重视对后备人才的专业技能的培育，而忽视了对他们文化素质和综合素质的提高，其弊端是多方面的。一方面表现在，缺乏基本的文化教育的竞技体育后备人才，在退役后无法适应社会的要求，他们在需要学习文化知识的年纪，全部投入发展竞技体育专业，因此文化程度低，进入社会后难以找到立足点，甚至有的奥运冠军退役后只能靠摆地摊，或者从事环卫等工作来谋生。另一方面，竞技体育运动的激烈竞争决定了对后备人才的要求越来越高，当今的竞技体育，不仅仅是运动员个人天赋和勤奋的较量，更是其综合实力的竞争。如果对后备人才仅有体育，而忽视智育、德育和美育的话，那么他们的竞技运动生涯也不会走得长远。

由此可见，对乒乓竞技体育后备人才的培养务必要采取体教结合的方式，即将后备人才的综合素质培养和专业技能培养放在同等重要的位置。并且，通过提升后备人才的德育、智育等综合素质水平，对促进他们理解和发展专业技能都是有很明显的积极作用的。

总之，要尽快打破将体育与教育相分离的落后理念和局面，树立体教结合的指导思想。

（三）可持续发展

体教结合的另一深意是保障我国乒乓球后备人才的可持续发展。竞技体育后备人才是国家发展过程中重要的人才储备，对国家未来发展战略具有重要的意义。在培养乒乓球后备人才的时候，尤其如此，和其他竞技体育运动项目相比，我国乒乓球运动的竞技体育后备人才占有非常大的比重。而且，和其他项目相比，乒乓球后备人才的竞争更加激烈。

如果忽视可持续发展这一指导理论，那么也就意味着为后备人才未来的发展埋下隐患。

推动乒乓球后备人才的可持续发展，还意味着要充分挖掘他们的多种潜力，使其未来的职业发展、人生发展具有更多的选择，让后备人才在投入乒乓球训练的时候不会有后顾之忧，能够专心于当前的训练和学习，从而获得更好的训练效果和发展前景。

二、乒乓球后备人才培养的原则

乒乓球后备人才的培养是一项长期的、复杂的、艰巨的工作，在过程中会遇到很多挑战和困难，因此，需要遵循一些基本的原则，才能保证对后备人才的培养工作稳定的、有效的进行。以下是最基本也是最重要的几个基本原则，它们具有广泛性、长期性等特点，因此可作为指导乒乓球后备人才培养工作的指导原则，且长期适用。

（一）科学性原则

任何专业和领域的人才培育都要遵循科学性原则，这是一条普世不变的真理。对于乒乓球后备人才的培育而言，尤其如此。乒乓球运动历史悠久，具有复杂的技战术内容。因此，培养一名竞技体育后备人才必须遵循科学性的原则，否则不仅会影响培养效果，甚至还会荒废了人才，造成不可逆的损失。科学性原则具体体现在要严格按照人才培养体系的科学发展观进行，在执行训练的每一个环节，都要以科学为最高指导思想，不能盲目冒进，也不能轻易放弃，要尊重人体发展的一般规律，将人才培养过程稳步推进。

另外，未来的竞技体育发展趋势越来越科学化、技术化，无论是对后备人才的培养还是对运动员的训练，都离不开科学原则，因此需要体育教师、教练能够对科学性原则保持足够的重视，并贯彻始终。

（二）协同性原则

协同性原则是近些年来在竞技体育后备人才培养中被提出的一个指导原则，对于乒乓球后备人才的培养同样适用。协同性原则主要包含两方面的含义。一是将竞技体育后备人才培养体系的各个环节与各个系统有机结合起来,形成统一的培养目标。二是适当扩大招收体育特长生的范围,广纳人才。

(三)多元化原则

竞技体育后备人才培养的多元化原则主要表现为培养模式多元化、训练方式多元化以及资金筹备多元化。魔术多元化有助于提高人才培育的质量;训练多元化有助于提升训练的效率和效果;资金筹集多元化则有助于加强对人才培育的资金保障,如果能拓展企业和社会力量的加入,将有效缓解国家财政投入的压力。

三、乒乓球后备人才培养的要求

(一)制订明确可行的培养目标

在竞技体育后备人才的培养中,要展开因材施教的教育理念,就要对后备人才制订明确而实际的培养目标,尤其是那些个性迥然,具有天赋异禀的后备人才,应对其设计具有针对性的培养目标和计划,从而提高对人才培育的效率,才能充分挖掘后备人才的潜力。

(二)营造轻松有趣的训练氛围

在针对后备人才进行训练时与成年运动员不同,由于他们还处于青少年阶段,其年龄特点决定了他们对长期枯燥训练的耐受性较低,因此在运动训练过程中,教练要密切关注青少年的兴趣和表现,并努力创造和谐有趣的训练氛围,从而提高他们的训练积极性,减少对训练产生抵触的可能性。需要注意的是,在后备人才训练的早期阶段,不要过分追求比赛成绩和结果,而是激发和保护他们对运动的兴趣,不断强化他们的内在和外在的训练动机,这样才有利于后备人才的长期培养和发展。

第二节　我国乒乓球后备人才培养的现状、困境与发展

和其他国家相比，我国在乒乓球后备人才的培养方面，具有明显的优势，这也是我国能数十年来保持世界乒乓球领先水平的强大后盾。但与此同时，我们还存在许多问题和困境亟须解决，才能迎来更好的发展。

一、我国乒乓球后备人才培养的现状

（一）文化教育与体育训练矛盾突出

尽管国家非常重视对竞技体育后备人才的综合培育，尤其强调对后备人才的素质教育，但是有些现实困难却很难克服。比如乒乓球后备人才必须投入大量的时间进行专业训练，这是保证他们竞技水平顺利发展的必要前提。然而，学习文化知识同样需要投入大量的时间和精力，而这一矛盾冲突是很难得到解决的。

（二）社会对乒乓球人才的需求空间有限

对于乒乓球后备人才而言，具备高超的乒乓球技能本来是他们的一项天赋，这理应成为他们人生发展的强有力的优势，即使不能成为世界级别的运动员，凭借他们的专业技能，也应该获得足够好的发展，并在社会建设中发挥出其独有的优势。

然而，现状是，社会对竞技后备人才的接纳空间十分有限，也就是说，如果这些后备人才不幸不能进入竞技领域，并成为一流的运动员，那么，他们在乒乓球方面的天赋以及付出的大量心血将付诸东流，毫无

价值。因为社会上没有让他们发挥价值的平台。

由此可见,对乒乓球后备人才的培养,仍然以发展竞技能力成为真正的运动员为唯一目标,社会对竞技人才需求空间的有限,决定了对后备人才的培养必然是“狭隘的”,使竞技培养和文化教育具有了某种内在的“冲突性”。

而解决这一现状的根本,并不限于乒乓球领域,而有待社会的快速发展,使社会分工更加复杂化和多样化,如可以给具有高超乒乓球技艺的人才更多的施展才艺的空间。

(三)商业化体育赛事平台发展滞后

受我国乒乓球竞赛业发展的限制,市场上还没有形成具有较强影响力的乒乓球商业赛事。也就是说,市场并未给乒乓球后备人才提供获取其他发展的培养平台,在商业化体育赛事发展滞后的环境下,很多体育人才无法获得充足的发展空间。

如果我们国家能够发展出一个成功的商业化乒乓球赛事体系,那么不仅将为后备人才的培养带来更多的实战机会,而且也为他们今后的职业发展创造了更大的空间。比如,如果有足够多的乒乓球培训基地、乒乓球俱乐部,那么这些后备人才在退役后,或者从高校毕业后就会获得更多的就业机会。但目前的状况是,乒乓球竞赛业发展滞后,并未形成全国性的关注,更无法带动全民参与,形成一个具有活力的产业板块,进而为乒乓球后备人才提供更多的发展空间。

二、我国乒乓球后备人才培养的困境

(一)乒乓球后备人才培养模式不够完善

尽管我国在乒乓球后备人才的专业技战术培养方面具有世界领先水平,但是在对人才的综合培养方面,培养模式较为单一和片面。受到历史、国情等方面的影响,我国以往对竞技人才的培育更多地关注其竞技能力的提升上,而缺乏全面培养人才的经验和环境。因此,就目前我国乒乓球后备人才的培育情况来看,仍然难以摆脱培育模式单一、不够完善的困境。

我们的培养模式主要是针对培养一流运动员而设计的，而对于大量的未能成为一流运动员的后备人才，对他们的未来发展没有形成一个较为完善的系统，使后备人才能够更加专注地投入专业训练中，而不会为日后的个人职业生涯过分思虑。

（二）大众对乒乓球的热情逐渐降低

乒乓球后备人才的选拔也越发困，这与大众对乒乓球的热情逐渐降低有关。乒乓球曾经为国家取得了无数的荣誉，这也激起了社会大众爱国情绪的高涨，在这一社会情绪推动下，曾经在我国的大街小巷常常能见到人们进行乒乓球训练和娱乐休闲的场景。然而近些年来，由于毕业、就业的压力逐渐递增，学生们将主要精力用于文化课的学习，社会大众也忙于生计和职业发展，对乒乓球的热情不再。

随着大众对乒乓球热情的消减，那么选择后备人才也遇到一定的障碍。另一方面，人们意识到竞技体育这条路太过艰辛，因此很多家长反对孩子从事竞技体育发展，这对乒乓球后备人才的挖掘也带来了明显的阻碍。

三、我国乒乓球后备人才培养的发展策略

（一）构建人才多维度发展的培养模式

同时加强对乒乓球后备人才的文化素质与体育专业素质的培养，是我国竞技体育后备人才培育的长期指导思想，但是需要破除传统的培养模式中两者之间的矛盾和冲突问题。

首先，要做的是分析二者的冲突点是否具有可调和性。通过深入的分析发现，对后备人才的综合培养，并不是机械地平均划分学习时间或训练时间，而是在确立培养具有较高综合素质这一目标下，根据乒乓球后备人才的独特性，对其设计有针对性的培养计划。

其次，在乒乓球后备人才的培养计划中，积极引入职业培养模式、传统训练模式、乒乓球学校模式等多维培养模式。从而为乒乓球后备人才

进行有针对性的培育,使人才成长更加立体多元,也为我国乒乓球竞技后备人才的发展开创新的局面,积极鼓励企业和个人参与竞技体育的投资管理,可以更好地保证和促进体育资金的投入和有效利用。

（二）完善乒乓球学院培育模式

中国乒乓球学院的开设,为我国乒乓球后备人才培养模式提供了一个新的路径。就中国近几十年来在乒乓球运动领域的深耕以及取得的成绩,可以说有足够的实力来建立一所完善的乒乓球学院,从而对乒乓球人才进行多元化的专业培养。

同时,积极采用商业化运营方式进行办学,吸引企业投资并参与管理,为乒乓球后备人才的商业化发展寻求机遇。比如,通过培养优秀的乒乓球教练,向其他国家进行人才输出,这不仅使我国的乒乓球人才获得更广阔的发展空间,而且对推动世界乒乓球运动的发展也贡献出积极力量。

第三节　乒乓球后备人才体教融合培养模式的构建

乒乓球后备人才的培育,重点是对体校融合模式的构建,本节将就此展开深入的分析。

一、乒乓球后备人才体教融合培育模式构建的依据

乒乓球后备人才的培养具有长期化的特征,是一个完成各阶段性目标前提下持续训练、比赛的连贯过程,具有很强的计划性和组织性。运动员从少儿期接受专业化训练到逐步成长为优秀乒乓球运动员,“体教双育”是体教融合培育模式的核心目标,在乒乓球后备人才的培育过程中发挥着指导性作用。一方面,体教双育是指对后备人才的“体育”和“教育”并行不悖,两者不能厚此薄彼。另一方面,体教双育是指要有机

融合体育与教育活动，通过科学的设计，使教育融入体育，使体育更加立体和丰满，从而使乒乓球后备人才的培养更加高效，更加符合社会对人才的要求。

二、乒乓球后备人才体教融合培养模式构建的框架

在构建我国乒乓球后备人才体教融合的人才培养模式时，可以根据我国当前乒乓球后备人才的发展情况，初步划分为以下几个人才培育目标。

（一）基础技能型人才

基础技能型乒乓球人才是指经过基础教育阶段的文化课学习和初、中级乒乓球训练后，进入中专或大专性质的体育运动技术学校、体育学院竞技体校、乒乓球运动学校及体育运动技术学院等单位继续进行深造的人群。

针对这一类乒乓球后备人才的培育目标是，为基层乒乓球训练体系输送“塔基”式的专业乒乓球人才，成为我国强大的乒乓球人才库的坚实根基。比如为中小学、重点乒乓球体校、乒乓球传统学校、乒乓球业余体校等提供乒乓球教练，或者社区俱乐部乒乓球运动的专业指导员或者业余乒乓球赛事的裁判员等。

（二）全面复合型人才

全面复合型乒乓球人才属于乒乓球后备人才培养目标的中间阶层，他们既具有过人的乒乓球专业能力，同时还进入了高等教育领域，完成了其他专业的系统学习。这一类复合型人才的培养目标，是为普通高校体育师范类学院、体育大学或体育学院以及承办高水平乒乓球队的普通高校的乒乓球教师、乒乓球理论研究及管理人才，但同时也担负着培养高水平乒乓球竞技运动员、教练员的重任。全面复合型人才也是我国乒乓球事业发展中的中坚力量，将对我国乒乓球事业的蓬勃发展产生巨大的推动作用。

（三）高端竞技型人才

高端竞技型乒乓球人才属于我国乒乓球竞技领域的精英人才，他们是在乒乓球竞技道路上历经十几年刻苦磨炼达到光辉顶点的人才，即肩负着代表祖国在奥运会等世界大赛中能够摘金夺银的重任，一般在12岁左右进入省市专业队、15岁左右进入国家青年集训队，18岁左右进入国家队一线步入运动竞技水平的顶峰。

高端竞技型乒乓球人才不仅代表了我国乒乓球竞技的最高水平，同时也是我国竞技体育发展最生动的体现。

第八章

乒乓球后备人才综合素质的培养

我国乒乓球后备人才的培养，具有多方面的含义，对我国甚至世界范围内乒乓球这一运动项目的发展都具有举足轻重的意义。本章将从乒乓球后备人才文化素质培育、乒乓球后备人才身心素质培养和乒乓球后备人才技能素质培养进行全面的阐述。

第一节　乒乓球后备人才文化素质培养

对竞技体育后备人才的文化素质培养，是我国近些年来逐步意识到的一个重要问题。良好的文化素质水平不仅能提升运动员的运动专业技能，在训练中能够更好地理解训练背后的理论支持，同时还有助于运动员的综合能力的提升，从而让他们在运动生涯结束后有更多的选择。

但是，对后备人才文化素质的培养并不容易，因为要想发展高超的运动技能，必须100%地投入训练，这也意味着他们学习文化知识的时间是有限的。但是，作为乒乓球后备人才而言，他们的专项是乒乓球运动，对他们的文化素质培养应围绕着体育专业进行。好在各个学科的理论知识，在逻辑上是相通的，只要能深入掌握体育训练和乒乓球知识，那么就会触类旁通，日后当这些乒乓球后备人才需要学习其他知识技能时，也能较快地掌握其原理。因此本节重点是如何培育乒乓球后备人才掌握运动训练知识与体育竞赛知识。

一、运动训练知识

竞技体育的训练和学校体育教学的训练有所不同，作为乒乓球后备人才，应掌握竞技训练的基本原则，这对他们今后的运动生涯至关重要。

（一）运动训练的原则

1. 全面性原则

无论哪个运动项目的训练，都要遵循全面性原则。全面性原则是指运动训练应该全面进行，而不仅仅是针对最重要的肌群、机能进行训练。具体来说，在运动训练中应全面发展身体的各个部位、各器官系统的机能、各种身体素质和活动能力，只有当身体的各项机能与系统整体上得到和谐的发展，才能获得更强大的身体素质基础，才能发展出更强大的专项能力。

因此，全面性原则是运动训练的首要原则。

2. 针对性原则

当具有了全面的运动素质与系统机能之后，就要进行针对性训练了。针对性原则是在全面性原则的基础之上，结合运动员个人的实际情况，进行有针对性的训练。因此，不同的运动员应采用不同的训练内容、训练方法、训练负荷等，或者同一个运动员在不同的阶段，也会使用不同的训练方法、训练内容以及训练负荷等。总之，运动训练是以运动员当下的身体素质和运动素质为前提而有针对地开展的，不可强求统一，这是保证运动训练科学性的前提。

3. 渐进性原则

运动训练还是一个动态的过程，因此应遵循渐进性原则进行。渐进性原则还因为人体自然发展的规律、机体适应的规律和超量恢复原理等，都是循序渐进地进行的。因此在科学训练的要求下，必须遵守人体生命的特性科学进行训练，不能盲目冒进，也不能懈怠或妄自菲薄，应科学设定训练目标并安排训练计划，逐步提升技能水平。

4. 适量性原则

运动训练的另一个重要原则是适量性原则。适量既意味着生理负荷的适量，也意味着心理负荷的适量。因为科学的运动训练必须要确保后备人才或者运动员，在训练中其心理和生理都处于健康的状态。这样才能获得最理想的训练效果，也能保证后备人才或者运动员的身心健康。

具体地说，运动训练的效果好坏，在很大程度上取决于运动刺激的强弱。运动刺激过强，有受伤的隐患；运动刺激过弱又达不到训练效果，而训练的科学性就体现在对运动的适量把握的能力。当运动适量的时候，才有利于能量的恢复和超量补偿。

（二）运动训练的方法

最经典也是最常见的运动训练方法有分解训练法、完整训练法、持续训练法、重复训练法、间歇训练法等。由于这些训练方法已经非常成熟，对它们的介绍也比较普遍，因此以下仅简单提要每种训练方法的重点和应该注意的地方。

1. 分解与完整训练法

分解训练法与完整训练法是相对的两个方法，有时候会结合起来使用。分解训练法就是将完整技术动作或战术过程分解为相对较简单的若干部分，通过分解可以降低技战术的难度，从而使其更有利于后备人才的掌握。需要注意的是，分解时不能破坏技战术动作的完整性，以及整体的流畅性。

完整训练法用于技战术动作或配合不宜分解的情况，一般地也相对比较简单。

2. 持续训练法

持续训练法的重点是“持续”地进行训练，因此其训练负荷较低、时间较长且中间无间断。持续训练法特别适用于对一般耐力素质的训练，尤其适合一些要求动作细腻但负荷强度不高的运动项目，如乒乓球、射击等。

3. 间歇训练法

间歇训练法的关键是，要严格规定练习时每两个练习之间的间歇时间，其目的就是控制机体在没有完全恢复时就进行下一次的训练。在这一方法指导下进行训练，能够提高后备人才或者运动员在激烈对抗中也能稳定发挥技术。这对乒乓球运动而言，是十分必要的训练方法。

4. 重复训练法

重复训练法的特点就是多次重复同一练习，最终达到驾轻就熟、了然于心的境界。其实这一训练方法在我国古代就已被人们熟知。比如宋代诗人欧阳修的著名诗篇《卖油翁》里的名句“无他，维熟尔。”无论技术难度大小，只要能坚持多次重复地练习，最终就会形成条件反射式的反应,从而达到熟练掌握技战术的目的。

5. 综合训练法

综合训练法是指熟练掌握了以上各种训练方法之后,可以根据需要,选择两种或者多种训练法结合起来使用,或者在一组训练中安排多种训练方法,从而达到较为复杂的训练目标,综合训练法也有助于乒乓球后备人才或者运动员的综合能力的提高。

(三)运动负荷的安排

运动负荷的计划与安排,是衡量科学训练的重要指标。和制订训练目标、训练时间以及训练方法的计划不同的是,对训练负荷的安排直接反映着教练员水平的高低,因为只有在负荷安排非常合理的时候,才能得到最佳的训练效果,而只有保持环环相扣,每一个训练负荷都非常有效的情况下,乒乓球后备人才的成长才最快,才能让他们的天分得到充分的发挥。

首先,科学合理地安排运动负荷可以从负荷、应激与恢复两个角度去衡量。其次,通过科学安排训练负荷,能够不断激发乒乓球后备人才竞技状态的形成,并促进他们更加深入地了解自身的潜能,对接下来的训练也会更有信心。再次,运动负荷的合理安排还体现在对周期性与节奏性的把握。

总之,科学安排与调控运动负荷需注意以下几点。

1. 运动负荷的个性化安排

每个乒乓球后备人才的身体发育情况不同,每个人的身体素质也有所不同,因此在针对竞技后备人才进行训练时,对负荷的把握尤其关键。这就需要教练具有丰富的经验,能够为不同的人设计不同的训练计划,尤其是负荷计划。比如,通过科学诊断竞技后备人才的身体发育情况和个体特点之后,进行有针对性的训练计划的设计,从而确立符合不同竞技后备人才个体特点的个体负荷模型。

2. 处理好负荷量、负荷强度与总负荷的关系

在运动负荷的安排上,还应以乒乓球运动项目的特点来合理把握训

练负荷的特点等。比如，乒乓球是一项对耐力和爆发力有较高要求的运动项目。以总负荷的要求为基础，确定好量和强度的最佳组合。注意应从实际情况出发，合理搭配负荷强度和负荷量。

3. 重视恢复

合理的运动负荷必须要和休息与恢复相结合，也就是说，运动恢复的科学安排与运动负荷是相辅相成的，也具有同等重要的作用，没有恢复，就没有新的负荷安排。乒乓球后备人才的身体素质与运动水平的提高，既要合理计划与调控训练负荷，也要留足充分的恢复时间。对于高水平的教练而言，对不同后备人才训练后不同恢复阶段的时间、个体负荷的极限能力、承受极限负荷后的恢复时间等都会有精微的把握，并根据竞技后备人才的具体情况，调控接下来的训练负荷，并在训练后采用多种手段帮助运动员及时恢复，消除身心疲劳。

二、体育竞赛知识

对于乒乓球竞技后备人才的培育，还应包括对一些重要的体育竞赛知识的普及，因为这在他们以后的职业生涯中占有非常重要的比重，熟悉了解相关的知识与常识将有助于他们对自己的职业进行更好的认识和规划。

（一）乒乓运动的基础知识

在培养乒乓球竞技后备人才的过程中，不仅仅是培育他们的身体素质能力、运动技能，以及心理素质等，还要让他们全面地了解和掌握乒乓球相关的各类基础知识。

这些基础知识包括乒乓球运动的起源，发展历程，曾经历哪些重要的变革等。

（二）国内外重要的乒乓球比赛

对于乒乓球后备竞技人才而言，他们的终极目标就是要在国内外重要的乒乓球比赛中获得好成绩，从而跻身一流的乒乓球运动员之列。

实际上，这些后备人才在很小的时候，自从对乒乓球产生浓厚的兴趣之后，就会自觉地去了解和熟悉那些著名的乒乓球运动员，以及他们的个人技术特点和风格特征等去了解国内外的重要乒乓球比赛。但是这些自发的了解未必能获得全面的、准确的知识。因此，需要教练进行必要的知识普及。

（三）体育竞赛的方法

1. 发球规则

按照最新的乒乓球比赛规则要求，对发球的高度和方向都有一定的限制。如果球碰到了网，但又落在接发球盘上，则往往会产生争议，但是在新规则中，这种争议解决了。如果发球过程中，球碰到了网，并最终落在发球人接发球盘内，这种情况将视为错误的发球。

2. 技术规则

除了一些基本规则外，还有一些技术规则也需要掌握。例如，如果接球人没有正确地摆出他的拍子，发球人可以对这些错误做出抱怨；如果这些错误没有得到纠正，发球人就可以得到额外的分数。

第二节　乒乓球后备人才身心素质培养

一、体能素质的培养

体能素质由身体形态、身体机能及运动素质组成，乒乓球后备人才体能素质的培养与训练，一般会从以下三个方面着手。

（一）力量素质

力量素质是运动素质中的基础部分，是发展其他素质的前提条件，力量素质的培养与提高有助于促进其他运动素质的提高与增强。

不同部位力量素质的训练方法如下。

1. 头颈部力量训练

由于头颈部较为敏感和脆弱，在正式训练前，要做好充分的热身准备。另外，对于初次尝试头倒立等非常规练习时，教练应对后备人才的身体进行初步研判并加强其对自我保护的指导，之后才能开始正式的训练。

（1）头手倒立

在教练的示范和指导下，让后备人才在墙壁前练习头手倒立动作。开始时先缓慢地靠墙屈臂，以头为主要支撑点，双手保持身体的平衡，然后双脚快速举起，并靠放在墙壁上，调整身体的姿势端正且用力正确，坚持片刻。

（2）背桥练习

采用仰卧姿势，然后仅以脚和头着地作为身体的支撑，腰腹部上挺，两手放松置于胸腹部，身体反弓成“桥”状。

（3）双人对抗

两人一组，同伴站在练习者身后，用一根较宽的带子围在练习者前额并拉紧，同伴一手拉住带子的两端，一手扶在练习者肩胛部作为支撑，练习开始时，练习者两脚站稳，上体保持稳定的前提下用力向前向下低头，以对抗同伴向后拉毛巾的力量。注意两人的用力要均匀，尤其是配合练习的同伴，不可以突然松手，那样可能会导致练习者突然失去对抗力而向前摔倒。

2. 臂部力量训练

（1）坐姿弯举

练习者坐在凳子一端，两腿自然分开，一手握哑铃，另一手掌置于持哑铃手侧的膝关节上部，握哑铃的手臂充分伸展，将肘关节的上部置于膝关节处另一侧的手背上，上臂固定，慢速屈肘至胸前，然后再有控制地下放哑铃成预备姿势。此练习的重点是下放时要缓慢匀速，靠自身手臂力量控制速度，而不是靠重力和惯性下放，这样能有效地锻炼臂部力量。

（2）坐姿腕屈伸

练习者坐于长凳上，双脚间距略宽于肩，并自然放在地面上，上体前倾，根据自身的情况，将前臂放在大腿上，或者长凳上，正握杠铃，腕关节被动屈曲；向后弯举腕关节；还原开始姿势，反复练习。

（3）俯卧撑

练习者俯卧在地面上，两臂伸直，间距略宽于肩，躯干保持挺直，屈臂上体下沉，但不接触地面，直至上臂与前臂成 90 度，再次伸直双臂，为完成一次动作，反复练习。根据练习者的基础能力选择练习次数，但至少每组连续做 10 ~ 15 次，重复 3 组。

3. 腹部力量训练

（1）仰卧起坐

仰卧起坐是最基础的练习腹部力量的训练方法，两人配合练习。练习者仰卧在垫子上，屈膝，另一人坐在练习者的双脚上，并用双手固定练习者的两下肢。训练开始时，练习者双手放在耳边，双臂不要用力，靠腹部肌群屈上体坐起成 90°，再还原躺下，一组做 30 ~ 40 个，至少完成 3 组。

（2）平板支撑

选择一个瑜伽垫，练习者俯卧在瑜伽垫上，用双臂和双脚支撑身体。双臂和双脚自然分开约与肩同宽，身体保持挺直。平板支撑分为静态平板支撑和动态平板支撑。

在练习静态平板支撑时，只要保持身体平稳，不弓背，不塌腰，用核心肌群保持身体的平衡和稳定，坚持 3 分钟。

在练习动态平板支撑时，保持双臂和双脚稳定支撑身体平衡的条件下，匀速侧摆身体，用核心肌群通知躯干，进行稳定地向左和向右摆动，坚持 3 分钟。

（3）仰卧举腿

练习者仰卧好，双脚并拢双腿伸直，然后慢慢向上伸直，再慢慢放下，反复练习，每 10 个为一组，练习 3 ~ 5 组。

4. 腿部力量训练

（1）跳深

准备 5 ~ 8 个跳箱，高度根据练习者的身高选择 70 ~ 100 厘米不等的跳箱，并纵向排好，每两两之间的距离约为 1 米。练习者练习时面对跳箱，要双腿同时跳上跳箱，紧接着再跳下，连续跳上跳下 20 ~ 30 次。然后做放松练习。

(2)蛙跳

对于乒乓球后备人才而言,腿部的力量和灵敏性非常重要,联系蛙跳时可增加负重以加强练习。比如穿沙背心或者带上沙护腿,然后再做蛙跳练习。蛙跳练习时全蹲的姿势开始,然后两脚用力蹬地向前上方跳起,腾空后快速屈腿前摆,然后双脚掌落地,不停歇地进行第二次跳跃,连续做 6 ~ 10 次为一组,一般要进行 6 ~ 10 组。

(二)速度素质

乒乓球运动的一个主要特点就是速度,包括运动员的反应速度、动作速度、判断速度等,因此,在培养乒乓球后备人才的过程中,对速度素质的训练非常重要。

1. 反应速度练习

(1)反应起跳

用跳绳训练后备人员的反应起跳能力是一个很常见的方式,之所以用跳绳而不用竹竿,是因为如果起跳速度慢了,被跳绳打到不会太疼,但是如果被竹竿打到脚部力度会很大,甚至可能导致练习者受伤。

练习时,教练站在中心,其余人站在圆圈上,教练手持跳绳匀速旋转,使跳绳呈一个圆的半径旋转起来,此时站外圆圈上的练习者要注意跳绳的转速,当滑到自己脚下时立即跳起,避免被跳绳打中,若起跳慢脚被跳绳打中,则换下教练,负责在圆心持跳绳画圈,直到有其他人被跳绳打中再换下。

(2)压臂固定瑞士球

两人配合练习。练习者坐在长凳上,一侧手臂水平向同侧方向伸出,用手掌压住瑞士球,同时,同伴从不同的方向在侧面用力拍球,练习者用力按压球不让球移动。该练习可以很好地训练手臂的反应能力和反应速度。

2. 动作速度练习

(1)横向飞鸟

选择重量合适的哑铃,然后练习者自然站立,双脚与肩同宽,练习时双手体前平举哑铃,然后向两侧打开手臂,并伸展到最大限度,再还原,反复练习。横向飞鸟可以练习手臂的力量、稳定性，从而提高手臂挥动的速度，这一训练对乒乓球后备人才而言非常重要。

（2）纵向飞鸟

纵向飞鸟与横向飞鸟的练习方式相似，只是手臂挥动的方式不同。进行纵向飞鸟的训练时，练习者双手在体侧持握哑铃，直臂快速举到头顶，然后还原，反复练习。

（3）双杠快速臂撑起

在适应了横向与纵向飞鸟的练习之后，可以增加训练难度，练习双杠快速臂撑起。练习时双手抓双杠支撑身体，然后屈肩、屈肘、身体下移，直至小臂几乎与双盖平行，或者初次练习时可降低难度，直至手臂不能再低为止，然后臂部发力再次撑起身体，反复练习，并逐渐提高难度。

（4）仰卧快速伸臂

借助瑞士球练习，练习者双手持哑铃，慢慢仰卧在瑞士球上，用背部着力，然后双手迅速直臂举起，保持片刻，再缓慢下放到头两侧，反复练习。

（5）侧卧腿绕环

练习者侧卧在斜板上，身体保持挺拔和充分伸展，然后上侧腿做大幅度绕环练习，先逆时针再顺时针，或者顺序相反也可以。完成一条腿的练习之后，再换腿练习，两条腿都练习一次为一组，一共练习 3 组。

（6）绳梯连续交叉步

绳梯连续交叉步练习也是训练速度的常用方法之一。开始练习时，两脚左右开立，脚跟踮起，用前脚掌撑地，双臂伸展，然后向左侧或右侧快速移动身体。以向左侧移动为例，左脚先左移，右脚前交叉移到身体左侧，反复练习，注意移动时步伐要快且不要间断，该练习对训练腿部的速度素质非常有利。

3. 位移速度锻炼

（1）高抬腿伸膝走

按照短跑的方式大步走，摆动腿高抬，充分屈膝，使脚向大腿靠近。

（2）下坡跑

在坡度为 3° ~ 7° 的跑道上以最快速度下坡跑，注意动作节奏，注意落地时以前脚掌先着地，然后过渡到整个脚掌，这样可以保护膝盖减少一定的冲击力。

（3）陡坡上坡跑

在坡度为20° ~ 35° 的坡道上快速上坡跑。持续4 ~ 8秒后稍停顿，然后继续，争取在这个时间内每次跑的距离更长。

（4）跑台阶

快速跑上台阶，每跑4 ~ 8秒后稍停顿，然后继续。

（5）踮步折叠腿大步走

以短跑的方式充分摆臂大步走，充分弯曲摆动腿，后蹬腿要加上踮步动作。

（三）耐力素质

对于乒乓球后备人才而言，无氧耐力和有氧耐力的训练同样重要。

1. 无氧耐力训练

（1）计时跑

计时跑是指固定跑步时间，根据练习者耐力素质的基础决定计时的时间长短，可以是短距离重复计时跑或长距离的计时跑。一般情况下，如果是长距离重复跑，那么强度要适量降低一些，训练强度70% ~ 90%。每组训练重复4 ~ 8次，组间间歇控制在3 ~ 5分钟。

（2）间歇跑

间歇跑一般分为短距离间歇跑和长距离间歇跑两种。

短距离间歇跑的距离一般为30 ~ 60米，强度在95%以上，持续10秒左右，间歇1分钟左右，然后根据练习者的耐力基础决定重复的次数。

长距离间歇跑的距离一般为100 ~ 150米，强度也要保持在95%以上，持续10秒以上，间歇在2分钟以上，根据练习者的耐力基础决定重复的次数。

2. 有氧耐力训练

有氧耐力训练的特点是训练强度不高，但是时间相对较长。

（1）重复跑

以中小强度重复跑600米、800米、1 000米、1 200米等。根据练习者的耐力基础选择跑步的距离。

（2）定时跑

在场地、公路或树林中定时跑，时间为 10 ～ 20 分钟或更长。

（3）定时定距跑

在场地或公路上定时定距跑，如 14 ～ 20 分钟内跑 3 600 ～ 4 600 米。

（四）柔韧素质

各部位柔韧性的具体训练手段如下。

1. 颈部柔韧训练

（1）前拉头

可以独自练习。练习者站稳或者坐稳后，交叉双手并置于头后双手轻轻握住头的后部，开始练习时，先呼气，然后拉动头部使之与胸部靠近，努力让下颌接触胸部。下压过程中双手要协助用力，同时双肩也要下压。

（2）后拉头

可独自练习。练习者站稳或者坐稳后，练习后拉头时双手置于前额，慢慢向后仰头，缓慢地将颈部向后拉动，在最大幅度处保持 10 秒。

（3）侧拉头

侧拉头和前拉头、后拉头相似。练习者站稳或者坐稳后，开始练习时左肘在背后弯曲，从背后用右臂将左臂肘关节抓住。向右拉左臂的肘关节直到过身体中线。呼气，使右耳与右肩紧贴。

（4）仰卧前拉头

屈膝仰卧在地上，双手置于头后并交叉。呼气，拉动头部使之与胸部靠近。肩胛部位尽量着地，动作幅度尽可能大，保持 10 秒左右。

（5）团身颈拉伸

身体从仰卧姿势开始举腿团身，头后部和肩部支撑身体重心，双手在膝后将腿抱住。呼气，拉动大腿使之靠近胸部，双膝和小腿前部着地。保持 10 秒左右。

2. 背部柔韧训练

（1）站立伸背

练习者要站在一根略高于腰部的栏杆前 1 米左右，准备开始练习，首先前倾上体躯干，使其与地面平行，然后双手置于栏杆上，四肢伸展，髋部弯曲，下压，呼气，背部下凹呈背弓姿势反复练习。

（2）坐立拉背

坐在垫子上，双膝稍微弯曲，躯干紧贴大腿上部，双手抱住腿，肘关节置于膝关节下面。呼气，上体向前倾斜，双臂从大腿上把背向前拉，双脚触地，反复练习。

3. 腿部柔韧训练

（1）分腿拉脚

前后分腿，右腿在前屈膝约 90° 支撑，左腿在后以膝关节支撑，右手扶地。上体前倾，左手在身后抓住左脚，向臀部方向拉。双腿交替练习。注意保持髋关节、膝关节、踝关节和脚在前后方向上成一线。

（2）扶墙上拉脚

一只手扶墙站立，一条腿屈膝，使脚跟靠近臀部。呼气，另一只手抓住屈膝腿提起的脚背，吸气，缓慢向臀部方向提拉。

二、心理素质的培养

（一）训练内容

对乒乓球后备人才的心理素质训练，其内容主要是对他们的运动心理过程和心理个性两个方面展开。心理素质训练内容如图 8-1 所示。

（二）训练方法

1. 目标设置训练法

对目标进行合理设置，是心理素质训练的一个重要组成部分。目标设置与动机方向和动机强度直接相关。合理有效的目标，能够激发人调动起足够的能量，产生正向行为，产生可预期的结果。而如果目标不合理，那么结果往往会落空，就会对人产生强烈的消极影响，因此，对目标的设置也是一种能力，需要在一定的训练指导下获得。

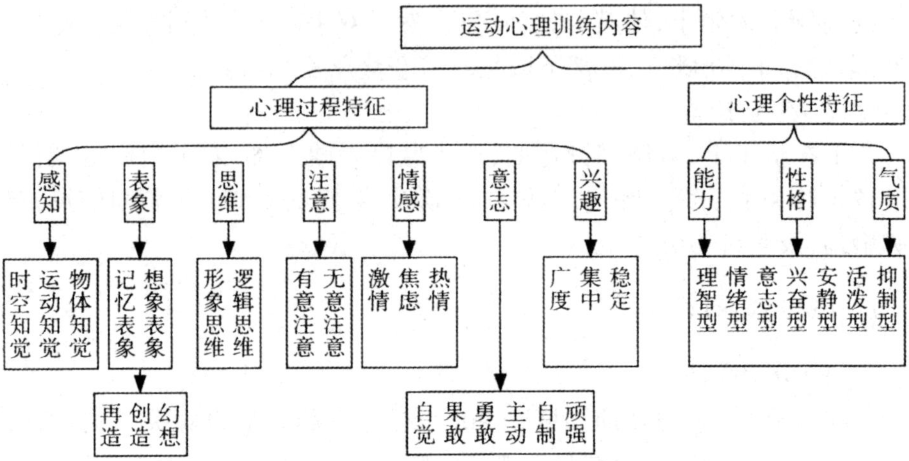

图 8-1　心理能力的训练内容

2. 暗示训练法

暗示训练是指竞技体育后备人才自己通过语言等刺激物的刺激对心理施加影响,进而控制自身行为的过程。自我暗示是一种有效的心理调控方法,可以促进情绪和动作的稳定,增强自信心。进行心理暗示训练须注意以下几点。

(1)客观认识自己的消极情绪与心理。

(2)用积极的提示语取代消极想法。

(3)不断重复积极的暗示语。

(4)不断重复暗示语并定时检查暗示效果,做到举一反三。

第三节　乒乓球后备人才技能素质培养

技能素质是乒乓球后备人才培养过程中的重点环节,具有高超的专业技能才是运动员最根本的追求。本节将从技术能力和战术能力两个方面展开讲解。

一、技术能力训练与培养

（一）握拍技术

1. 技术学习

（1）直握法

以日式弧圈球握拍法为例。拇指紧贴拍柄左侧，食指扣住拍柄。正手拉球时，中指和无名指伸直，以第一指节握住球拍；反手推挡时，食指内扣得深一些，拇指放松（图 8-2）。

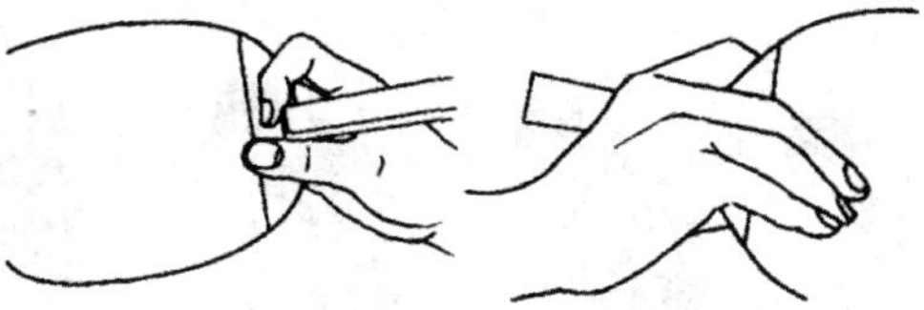

图 8-2 直握法

（2）横握法

中指、无名指和小指握住拍柄，拇指在球拍正面，食指在球拍反面，虎口轻贴球拍。正手攻球时，食指压拍，与中指控制拍形，共同传递击球力量，并利用食指制造弧线以辅助发力（图 8-3）。

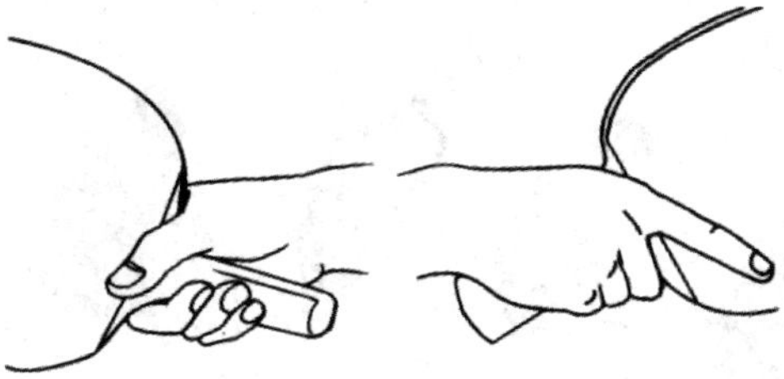

图 8-3 横握法

2. 技术练习

（1）徒手握拍模仿练习，过程中随时检查握拍时手指的位置。

（2）两人一组做正手攻球练习，过程中彼此关注对方的握拍方式是否正确。

（3）观看优秀乒乓球选手的握拍方式。

（二）发球技术

1. 技术学习

（1）反手发急下旋球

拍面稍微后仰，手腕抖动发力向前下方弹击，触球时微转，增强下旋力，争取使球的第一落点靠近本方台区端线（图 8–4）。

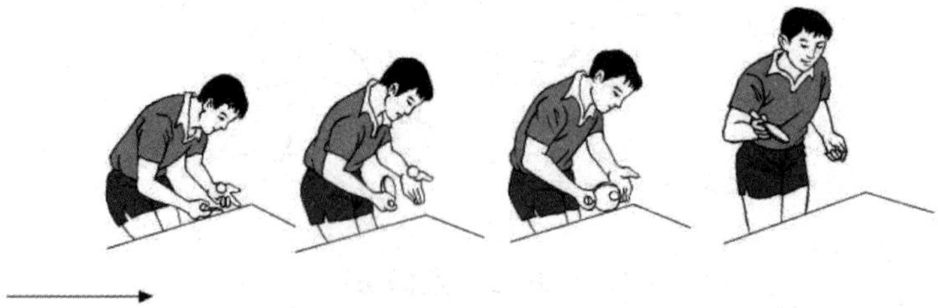

图 8–4　反手发急下旋球

（2）侧身正手发低抛左侧下旋球

用拇指用力压拍，从球的右侧中下部向左侧下部摩擦（图 8–5）。

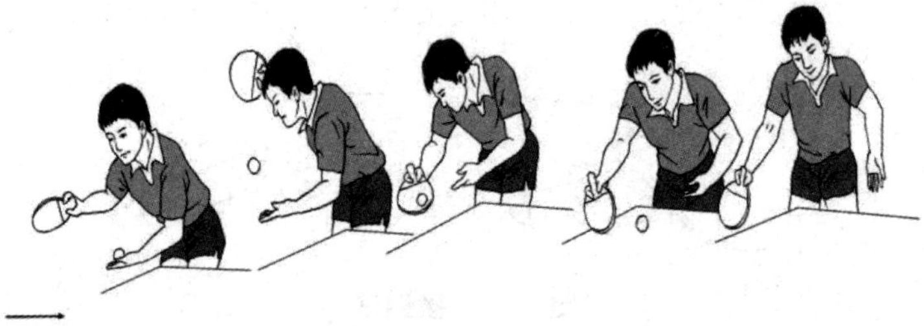

图 8–5　侧身正手发低抛左侧下旋球

（3）侧身正手发低抛左侧上旋球

食指稍用力压拍，从球右侧中下部向左侧面摩擦球（图 8–6）。

图 8-6　侧身正手发低抛左侧上旋球

2. 技术练习

（1）观看优秀乒乓球运动员的比赛视频，重点观察其发球动作和发球战术。

（2）徒手做各种发球技术练习。

（3）发多球练习。

（4）尝试发出不同旋转、落点、速度的球。

（5）规定手法，如同一手法发不同旋转和落点的球。

（6）至少练出三种最为熟练的发球。

（7）至少练出三种与发球紧密衔接的战术。

（三）接发球技术

1. 技术学习

（1）接上旋球（奔球）：以正反手攻球、推挡等方式回击，将球的中上部作为击球点，调整向前的力。

（2）接下旋长球：通过搓、削、提拉等方式回击。

（3）接左侧上（下）旋球：以攻球、推挡等方式回击，将球的偏右中上（中下）部位作为击球点。

（4）接右侧上（下）旋球：以攻球、推挡等方式回击，将球的偏左中上（中下）部位作为击球点。

（5）接转与不转球：如果还未来得及判断或判断模糊，可轻轻托一板或撇一板，但要对弧线和落点进行重点观察。

（6）接高抛发球：如果球着台后拐弯程度大，注意提前向拐弯方向引拍。

2. 技术练习

（1）观看优秀乒乓球运动员的比赛视频，重点观察其接发球技术以及连带的技术结合方式。

（2）使用规定接发球技术接对方发来的相同属性发球。

（3）接对方近似手法发出的不同属性的球。

（4）用不同技术接对方发来的旋转球。

（5）不定点不定属性的接发球练习。

（6）两人一组进行接发练习。

（四）推挡球技术

1. 技术学习

（1）挡球

以右手为例，挡球时，两脚左右开立，击球前，前臂伸向来球方向。触球时，借助来球的反弹力将球挡回。在上升期，击球的中间部位，拍形与台面几乎垂直。击球后，快速收拍还原。

（2）加力推

准备时，前臂向后收，调整拍形角度，在上升期后段或高点期击球中上部。击球时，固定好拍形，手腕不加转动（图 8–7）。

图 8–7　加力推

(3)推下旋

准备击球时,避免手腕外转,用拇指压拍,拍面稍后仰,在上升期后段击球的中下部位。推击时要适当增加向前和向下的力量(图 8-8)。

图 8-8 推下旋

2. 技术练习

(1)观看优秀乒乓球运动员的比赛视频,重点观察推挡球技术和连带技术的应用。

(2)徒手挥拍推挡球技术练习。

(3)两人一组对推练习。

(4)两人一组,一人攻球,另一人推挡。

(5)两人一组,一人拉弧圈球,另一人推挡。

(6)供多球推单一落点或规定多个落点的练习。

(五)攻球技术

1. 技术学习

下面主要分析两种正手攻球技术。

(1)正手扣杀

视来球长短调整站位,随腰部转动,手臂向后引拍,加大击球力量。手腕与手臂一起向前向下发力,击球中上部位。然后迅速还原(图 8-9)。

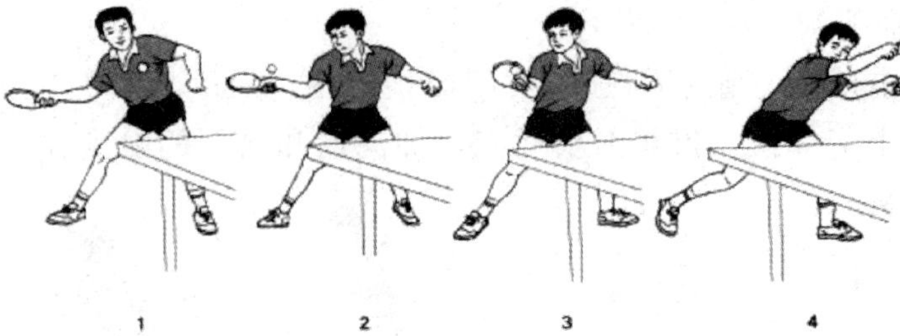

图 8-9　正手扣杀

（2）正手快带

左脚在前，右脚在后，身体稍向右转，持拍手向后引拍，手臂随腰和髋的转动迎前带击，手腕不动，以借力为主，在球的上升期击球的中部或中部偏右，击球后及时调整重心，并还原（图 8-10）。

图 8-10　正手快带

2. 技术练习

（1）观看优秀乒乓球运动员的比赛视频，重点观察攻球技术的运用。

（2）徒手模仿正、反手攻球技术动作，特别要注意腰腹和重心的协助发力方法的运用。

（3）两人做斜线正反手攻球练习。

（4）做正、反手三点攻练习。

（5）做单点或规定定点的正反手摆速练习。

（六）弧圈球技术

1. 技术学习

下面分析两种常见的正手弧圈球技术。

（1）正手高吊弧圈球

左脚在前，右脚在后。准备击球时，持拍手向后下方引拍，使拍形固定。即将触球时，手腕向前上方加力，腰部与下肢协调用力，在球的下降期摩擦球中部或中上部。击球后迅速还原，重心落在左脚（图 8-11）。

图 8-11　正手高吊弧圈球

（2）正手侧旋弧圈球

左脚在前，右脚在后。拍面略向右倾，在球的下降期，上臂带动前臂和手腕用球拍摩擦球的右中部或右中上部，击出右侧上旋（图 8-12）。

图 8-12　正手侧旋弧圈球

2. 技术练习

（1）观看优秀乒乓球运动员的比赛视频，重点观看其弧圈球技术的运用。

（2）徒手原地模仿拉弧圈球技术的动作。

（3）徒手结合步法的模仿拉弧圈球技术的动作。

（4）单点多球拉弧圈球技术练习。

（5）单点多球送下旋拉弧圈球技术练习。

（6）单点单球连续拉弧圈球练习。

（7）一人发中路出台的下旋球，另一人拉弧圈球练习。

（8）搓球后拉球的弧圈球结合练习。

（9）弧圈球结合其他技术的练习。

（七）搓球技术

1. 技术学习

以正手慢搓为例。右脚在前，左脚在后，击球时，持拍手向前上方用力，同时外旋转腕，在球的下降后期摩擦球的中下部。前臂在击球后保持不动（图 8–13）。

图 8–13　正手慢搓

2. 技术练习

（1）观看优秀运动员的比赛视频，重点观察其搓球技术及结合技术的运用。

（2）徒手模仿搓球动作练习。

（3）一人发近网下旋球，另一人搓接。

（4）两人对搓练习。

（5）搓球与攻球相结合技术练习。

（八）削球技术

1. 技术学习

（1）削追身球

来球在身体偏右侧时，向右上方引拍，在球的下降前期击球中部或中下部，前臂用力向下压球，控制球的弧线。击球后，手臂随挥并快速还原（图 8–14）。

图 8–14　削追身球

（2）接突击球

用单步或跳步后退并提拍上举，两眼目视来球，前臂协同身体重心向下用力，下切快捷。手腕发力控制好拍形（图 8–15）。

图 8–15　接突击球

2. 技术练习

（1）观看优秀乒乓球选手削球的比赛视频，重点观察其削球技术的运用。

（2）徒手模仿削球动作练习。

（3）用正、反手削直线和斜线练习。

（4）不定点来球削固定点练习。

（5）搓削结合与削攻结合练习。

二、战术能力训练与培养

（一）单一战术练习

单一战术练习是指将复杂的战术简洁化、单一化地训练，以此能够让运动员更加清楚战术中的每个环节的意义。例如，当对手为直板快攻结合弧圈打法时，其正手的进攻能力普遍较强，为了针对对方的这个优势，就可以采取调反压正再压反的战术。这些战术的形成都是在长期比赛中总结出的运动规律，在日常训练中就养成多套战术习惯，比赛时就可以做到自动化运用。

（二）附加装置练习

在乒乓球技战术训练中经常会用到一些辅助器材，或是改变原有器材的规格，以便实现某种训练目的。常见的主要有以下几种。

1. 击区域练习法

许多战术训练都对回球的落点有着严苛的要求，因此，就出现了击区域练习法，即在对面球台的落点位置划定一个区域，每次回球都要将球达到那一个或多个区域中。这种方法经常在战术练习中被使用，效果显著。

2. 网上加线练习法

网上加线法顾名思义就是在球网上方的一定距离位置拉上一条线，要求运动员的回球要在加线和球网中间穿过。这种训练方法在搓球战术和发球战术中使用较多，以此来训练运动员的回球高度控制能力。

3. 升降球网练习法

升降球网练习法分为升球网和降球网两种方式。

升网法是将球网升高一些(通常为1厘米左右),然后进行击球练习。升网法在进攻战术训练中使用较多,以此训练运动员击出足够的弧线以提升回球上台率。

降网法是将球网下降一些(通常为1厘米左右),然后进行击球练习。降网法在削球打法运动员的训练中较为常见,且也在练习搓球战术时使用,以此训练运动员较低的回球弧线。

4. 加宽球台练习法

加宽球台是将球台的其中一侧加宽,通常做法为摆放两张球台,使台面变得更加宽阔。这种方法可以训练运动员更大范围的移动,以便满足一些战术对移动的需求。

(三)意念打球练习

意念打球练习是一种结合了心理学原理的乒乓球训练方式。在使用意念训练法时务必要选择相对安静的环境,这有利于运动员集中注意力。意念打球主要可通过以下几种方法进行练习。

1. 纯意念练习

纯意念练习是单纯依靠意念来想象对手的战术打法和本方的战术应对,也可以就某一项单一战术进行意念想象。

2. 假想对手,做各种手法、步法练习

脑中想出对手击出各种球,自己做相应的回球动作。

3. 暗示拼抢1分练习

这个训练要在每回合开始前进行。具体方法为心中默念:“拼,拿下这一分!”随后,屏气凝神,高度专注于比赛。此练习的目的在于训练运动员的注意力,集中精神拼搏的毅力。当比赛来到关键分时这个训练的成果能更好地体现出来。

（四）加强主动进攻，提高速决能力的练习

现代乒乓球运动对于抢先上手进攻非常崇尚，先上手也的确是掌控局面的好方法。为此，在单打战术学练中就要突出上手意识，并结合如下训练方法进行练习。

1. 固定发球的抢攻和连续攻练习

该练习不仅可以提升主要发球套路的发球质量，还可以提升发球后与进攻技术的结合套路能力。

2. 多样发球的抢攻和连续攻练习

该练习可以提高多套稳定的发球能力，同时还对不同发球的抢攻战术能力有较大提升。

3. 发球结合其他战术的进攻练习

发球积极主动上手抢攻，如抢攻不能一板决定胜负的话还要连续进攻。这种练习可以使运动员在任何情况下都积极上手，掌握控制的主动权，从而为之后的进攻创造良好条件。

4. 抢攻得分练习

规定发球抢攻得分比赛，规则为每人一球轮换发球，发球运动员必须采用发球抢攻方式的得分才算有效得分。

（五）提高变化能力，创造良好进攻条件的练习

抢攻战术就时机来说非常考究，但无论面对对方的何种变化，都要以积极的进攻心态和战术予以应对。为此，在单一战术训练和综合战术训练中结合速度、旋转、落点等球性的变化来伺机进攻就是非常理想的两种练习方法。需要强调的是，单一战术训练中伺机进攻的训练重点在于充分利用击球的属性变化来打乱对手原先的想法，而在综合战术训练中伺机进攻更要突出进攻的意识和进攻手段的多样性，力争在少失误的基础上增加进攻的凶狠性。

参考文献

[1] 伍丽 . 我国大众乒乓球运动与竞技乒乓球运动的协调发展 [D]. 武汉体育学院，2013.

[2] 王榕 . 乒乓球赛事引入鹰眼系统的研究 [J]. 体育科技文献通报，2022，30（08）：77–79+82.

[3] 李聪 . 规则变化对乒乓球比赛技战术发展的影响 [J]. 中国体育教练员，2022，30（04）：59–60+63.

[4] 李荣芝 . 乒乓球运动的历史演进及跨文化传播研究 [D]. 上海体育学院，2012.

[5] 荆雯 . 我国乒乓球运动项目文化发展研究 [D]. 辽宁师范大学，2014.

[6] 董文莉 . 采文化之美　促持续发展——学校的乒乓球文化建设 [J]. 中国学校体育，2013（S1）：3–4.

[7] 唐赵平，杨叶红 . 高校校园乒乓球文化的建构和发展 [J]. 文化创新比较研究，2021，5（25）：17–20.

[8] 徐树仁 . 浅析如何提高乒乓球产业文化“软实力”[J]. 科技风，2018，No.353（21）：236.

[9] 陈仁贝，何贵菊 . 新时代背景下如何提升乒乓球产业的经济管理水平 [J]. 营销界，2021（16）：142–143.

[10] 张立群 . 乒乓球产业经济发展影响因素研究 [J]. 中国管理信息化，2020，23（10）：156–157.

[11] 解博仪 . 山东乒乓球产业发展研究 [D]. 辽宁师范大学，2014.

[12] 于洋 . 我国乒乓球后备人才“体教结合”培养模式的构建与评价研究 [D]. 北京体育大学，2009.

[13] 张铭辰 .“体教结合”培养模式下乒乓球后备人才培养的现状

及发展路径研究 [D]. 沈阳体育学院，2013.

[14] 程云峰．乒乓球国际比赛规则的变化对乒乓球运动发展的推动 [J]. 四川体育科学，2004（03）：66– 67.

[15] 汪杰，刘利鸥．乒乓球改大球后技术动作和打法的变化 [J]. 武汉体育学院学报，2005（5）66– 67.

[16] 房巍，冯狄，张守忠．乒乓球规则演变及其发展研究 [J]. 吉林体育学院学报，2010，26（5）：62–64.

[17] 顾晓飞．乒乓球规则修改历程与应对策略 [J]. 辽宁体育科技，2021，43（2）：46–49.

[18] 任小超．浅析发球无遮拦规则对发球技术的影响 [J]. 科技信息 2011（24）：268–269.

[19] 施之皓．对乒乓球战术特征的再认识 [J]. 乒乓世界，2007(11)：90.

[20] 胡东芳．略论乒乓球变大后对乒乓技术的影响 [J]. 淮海工学院学报(自然科学版)，2001（4）：72–74.

[21] 毛煜．乒乓球运动竞赛规则演变对乒乓球运动影响的研究 [D]. 西安酒安体育学院，2015.

[22] 孟宪俭．新规则对乒乓球运动员技战术的影响 [J]. 少林与太极（中州体育），2012（9）：31–33.

[23] 陈绍文，张庆建．乒乓球 11 分新赛制的特点及对策 [J]. 辽宁体育科技，2005（2）：75–76.

[24] 刘朝宝，杨大鑫．乒乓球规则的演变对乒乓球训练的影响以及相应的对策 [J]. 哈尔滨体育学院学报，2007（3）：107–109

[25] 肖涛，孔祥宁，王晨宇．运动训练学 [M]. 重庆：重庆大学出版社，2016.

[26] 中国乒乓球协会．乒乓球竞赛规则 [M]. 北京：人民体育出版社，2017：6.

[27] 杨博．引入摄像回放技术辅助判定乒乓球擦边球的研究 [D]. 北京：北京体育大学，2015.

[28] 牛志生．中国乒乓球今日之辉煌引发的思考 [J]．搏击(体育论坛)，2011，(8).

[29] 钟宇静．对我国乒乓球俱乐部现状与发展对策的研究 [J]．沈阳体育学院学报，2004，23（10）.

[30] 杨圣涛 . 高校乒乓球课程思政探析 [J]. 当代体育科技，2021，11（06）：116–118.

[31] 陈荟洁，黄海菲立德树人视域下高职院校课程思政融合发展模式探索 [J]. 教育与职业，2019（14）：158–160.

[32] 谭波 . 浅析普通高校公共体育课程与思政教育融合 [J]. 体育世界：学术版，2019（12）：9–11.

[33] 杨鑫 . 课程思政融入高校乒乓球教学的初步探索与研究 [J]. 当代体育科技，2019，9（36）：99–101.

[34] 常益，张妹 . 健体育魂：大学体育课程的思政教育转向研究 [J]. 体育文化导刊，2018（6）：136.

[35] 冯莉 ."课程思政"理念融入体育课程的途径研究 [J]. 当代体育科技，2018，8（29）：78.

[36] 于朝阳，李思敏 . 高校体育课程中加强德育的探究和实践 [J]. 思想理论教育导刊，2016（5）：148–151.

[37] 张钰晨 . 竞技乒乓球后备人才梯队建设与培养路径的优势分析 [J]. 广东蚕业，2018，52（06）：139.